你在上海的助手！

附赠 朗读音频

自学上海话

阮恒辉 编著

☑ 速成
☑ 易学
☑ 实用

上海大学出版社

图书在版编目（CIP）数据

自学上海话 / 阮恒辉编著. —3版. —上海：上海大学出版社，2021.11
ISBN 978-7-5671-4377-7

Ⅰ.①自… Ⅱ.①阮… Ⅲ.①吴语－自学参考资料 Ⅳ.①H173

中国版本图书馆CIP数据核字(2021)第225987号

策划编辑　张天志
　　　　　　黄晓彦
责任编辑　黄晓彦
封面设计　缪炎栩
插图设计　蔡广斌

自 学 上 海 话

阮恒辉　编著

上海大学出版社出版发行
（上海市上大路99号　邮政编码200444）
(http://www.shupress.cn　发行热线021-66135112)

出版人：戴骏豪

*

江苏句容排印厂印刷　各地新华书店经销
开本787×960 1/32　印张6　字数125 000
2021年11月第3版　2021年11月第19次印刷
ISBN 978-7-5671-4377-7/H・390　定价：20.00元

版权所有　侵权必究
如发现本书有印装质量问题请与印刷厂质量科联系
联系电话：0511-87871135

前　言

《自学上海话》初版（配盒式磁带）于2000年9月出版，增订版（赠送MP3）于2010年2月出版，现在是第3版（扫描二维码获取朗读音频）。

前两版累计销售约13万册，这说明来沪工作、学习和生活的外省籍人士（也叫新上海人）对学习上海话是充满热情的。此外，上海的本地居民对自己孩子学说上海话也有要求。

吴方言与汉语其他方言区的次方言比较，有一个明显的特征：吴方言具有较系统的浊辅音体系。如果孩子会发浊辅音，学外语要方便得多。

我们当然要继续大力推广普通话，但方言是不会轻易退出交际领域的。方言的使用使人们长期保持地域文化的诸多特征。地域文化是民族文化中的一种亚文化，各地亚文化不断互动、交流、融合，对民族文化的不断丰富起着巨大的促进作用，所以保护语言资源已成为我们每个人的责任。

方言容易引发人们的地域情结，而共同的地域文化情结容易使人与人之间产生认同感和亲和感。《自学上海话》一书的出版，正是为了满足来沪工作、学习和生活的人们的需求。

近代以来，上海成了"五方杂处"的都市。一百多年间，各省籍的人陆续汇集到了这里。以杨浦区为例，据1948年上海有关部门的统计，祖籍为上海本地的"本地人"占比不足总人数的10%，90%以上的居民上两代多来自江苏、浙江、广东、山东等地。因此上海的文化本就是一种兼容性的文化。各地方言对上海话造成了很大的影响，使上海话内部又形成了一些籍贯性的群体差异。长期以来，上海一直存在着苏北腔、广东腔、山东腔等不同特征的上海话。但是因为在"上海话"这一点上联结了起来，所以带其他地方音腔的上海话，并不影响人们的交流与"亲和感"的产生。

甚至还有一些外语单词以"音译"的方式影响上海话。如"门槛精"（精明）一词中的"门槛"，便是来自英语monkey（猴子）一词的音译。"老虎窗"中的"老虎"则是来自英语roof（屋顶）一词的音译。这种情况在上海话中是常会遇到的。

本书书名用了"自学"两个字，这是希望读者借助本书"无师自通"。这样既可提高学习效率，又可降低学习成本。读者在看了本书的"发音方法"说明后，可利用汉语拼音符号去学习上海话字音；也可利用本书中的汉字直接注音来学习上海话字音，发出近似的上海话字音来。

当然，读者朋友们学习时最好多多接触上海本地人，与他们多作语言交流，同其发音进行比较，以便使自己的发音尽快地向上海音靠拢。

此外，在上海词语方面，可参阅《上海话流行语》一书（上海大学出版社出版，阮恒辉、吴继平编著）。

本书难免还有不足之处，欢迎读者诸君指正。

阮恒辉
初版于2000年6月8日
增订版于2009年11月20日
第3版于2021年9月27日

目 录

第一部分 怎样自学上海话 …………………………… 1

一、怎样发上海音 ………………………………… 1
　（一）上海话音系 ……………………………… 1
　（二）发音要点 ………………………………… 6
二、上海话的句式 ………………………………… 11
　（一）语序 ……………………………………… 11
　（二）是非问格式 ……………………………… 11
三、上海话词语 …………………………………… 12

第二部分 上海话语句 ………………………… 15

一、问候 …………………………………………… 15
二、介绍 …………………………………………… 22
三、访友 …………………………………………… 27
四、问事 …………………………………………… 35
五、食事 …………………………………………… 45
六、购物 …………………………………………… 57
七、请求 …………………………………………… 67
八、疾病 …………………………………………… 75
九、起居 …………………………………………… 83

（一）学习	83
（二）储蓄	89
（三）理发	93
（四）卫生	97
（五）人情	102
十、休闲	109
（一）观剧	109
（二）闲逛	114
（三）锻炼	119
（四）旅游	121

附 上海话词语 ⋯⋯⋯⋯⋯⋯⋯⋯⋯⋯⋯⋯⋯⋯⋯⋯ 129

一、名词 ⋯⋯⋯⋯⋯⋯⋯⋯⋯⋯⋯⋯⋯⋯⋯⋯⋯⋯⋯⋯⋯⋯ 129

1. 天文(129)　　2. 地理(130)　　3. 时间(132)
4. 动物、植物(133)　5. 工农业(138)　6. 服饰(139)
7. 食品(141)　　8. 器具(142)　　9. 建筑(145)
10. 身体、疾病(146)　11. 商贸(148)　12. 交通(149)
13. 文化(150)　　14. 教育(153)　　15. 职业(154)
16. 称谓、交往(156)

二、动词 ⋯⋯⋯⋯⋯⋯⋯⋯⋯⋯⋯⋯⋯⋯⋯⋯⋯⋯⋯⋯⋯⋯ 160

三、形容词 ⋯⋯⋯⋯⋯⋯⋯⋯⋯⋯⋯⋯⋯⋯⋯⋯⋯⋯⋯⋯⋯ 170

四、副词 ⋯⋯⋯⋯⋯⋯⋯⋯⋯⋯⋯⋯⋯⋯⋯⋯⋯⋯⋯⋯⋯⋯ 174

五、代词 ⋯⋯⋯⋯⋯⋯⋯⋯⋯⋯⋯⋯⋯⋯⋯⋯⋯⋯⋯⋯⋯⋯ 177

六、数词、量词 ⋯⋯⋯⋯⋯⋯⋯⋯⋯⋯⋯⋯⋯⋯⋯⋯⋯⋯⋯ 178

七、介词 ⋯⋯⋯⋯⋯⋯⋯⋯⋯⋯⋯⋯⋯⋯⋯⋯⋯⋯⋯⋯⋯⋯ 180

八、连词 ⋯⋯⋯⋯⋯⋯⋯⋯⋯⋯⋯⋯⋯⋯⋯⋯⋯⋯⋯⋯⋯⋯ 181

九、助词 ⋯⋯⋯⋯⋯⋯⋯⋯⋯⋯⋯⋯⋯⋯⋯⋯⋯⋯⋯⋯⋯⋯ 182

十、语气词 ⋯⋯⋯⋯⋯⋯⋯⋯⋯⋯⋯⋯⋯⋯⋯⋯⋯⋯⋯⋯⋯ 183

十一、感叹词 ⋯⋯⋯⋯⋯⋯⋯⋯⋯⋯⋯⋯⋯⋯⋯⋯⋯⋯⋯⋯ 184

第一部分　怎样自学上海话

人的心理活动与行为方式具有地域性与群体性特征。人们喜欢说方言,这是因为方言容易引发人们的地域情结,所谓"同乡遇同乡,两眼泪汪汪",方言激活了人与人之间的亲和感。虽说你和他本非同乡,但只要你说起了他的家乡话,他就会对你产生"同乡情"。因此,到方言区工作的人,除了说普通话外,如果也能说当地方言,便特别容易与当地人打成一片,这会给工作带来诸多便利。

一、怎样发上海音

汉语有许多方言。方言间在语音、词语、语法方面都有差异。但是在语音方面差异最大,因此要学说一种方言,首先要过的就是语音关。

我们这里介绍的上海话,是指市区的上海话。市区上海话也有内部差异,中老年人的读音与青少年的读音就不完全相同。我们介绍的是青少年的读音。

(一) 上海话音系

为印刷和使用方便,本书设计了一套上海话音系的标音符号,它是以汉语拼音方案为基础设计的。例如 b(波),也就是普通话里的 b,p(坡)也就是普通话里的 p。但ḅ(b加一点)则是表示 b 的浊辅音(b 的浊化),普通话里没有这个音。

为了更确切地说明每个标音符号的发音,我们在每个符号后面标注了国际音标。例如 b[p],其中[p]就是国际音标。在国际音标中 b 用[p]表示,p 用[p']表示。"'"表示送气符号,因为普通话中,b 是不送气音,p 是送气音,所以 p 用国际音标表示时,要用一个"'"。

你懂国际音标的,可以利用国际音标搞清楚每个标音符号所确切代表的音;你不懂国际音标的,可以利用汉语拼音的方法来念每个标音符号,但是符号底下有"·"的音,是浊辅音,普通话里没有,你就要去请教一下会发浊辅音的人,学会发浊辅音。

如果你一时还没掌握汉语拼音方案,那么可利用标音符号后的第一个汉字,如:b[p]拨波,"拨"这个字的声母就是 b[p]。

(先说明一下,什么是声母,什么是韵母。汉语中,一个汉字基本上就是一个音节。汉语的音节是由声母与韵母拼合而成的。声母由辅音充当,有时声母部分没有辅音,就称为零声母。如"波",普通话念 bō,其中 b 是声母,o 是韵母;"衣",普通话念 yī,前面没有辅音,是零声母字,韵母就是 i)。

下面音系中的标示格式,先作一个说明:

① b[p]拨波,"拨、波"是声母 b[p]的代表例字,表明"拨"、"波"的声母是 b[p]。当然是指上海话。

② -i[ᵢ]资、知、朱,表明"资"、"知"、"朱"三个例字

的韵母都是 - i[ʅ]。- i[ʅ]音怎么发呢？用普通话发"资"、"雌"、"斯"三个字中的任意一个字，把音延长，延长的部分就是 - i[ʅ]。

(1) 声母

b[p]拨波	p[p·]泼坡	b[b]勃步	m[m]没母
f[f]法夫	v[v]佛扶	d[t]得多	t[t·]塔拖
d[d]特度	n[n]纳尼	l[l]勒路	z[ts]资知
c[ts·]疵痴	s[s]斯诗	s[z]寺事	j[tɕ]基积
q[tɕ·]欺凄	j[dʑ]其极	x[ɕ]希西	x[ʑ]席钱
g[k]割加	k[k·]客揩	g[g]轧搞	ng[ŋ]额我
h[h]喝好	o[ʔ]矮乌约	o[ɦ]鞋雨页	

(2) 韵母

i(yi)[i]衣烟　　-i[ʅ]资知朱　　u[u]乌窝　　ü[y]迂冤
a[A]啊太鞋　　ia[iA]亚夜　　ua[uA]娃怪
o[o]喔茶花蛇
ê[ɛ]嗳单台雷罪者　　iê[iɛ]也　　uê[uɛ]弯威
oü[ø]安端最
ô[ɔ]噢包高　　　　　iô[iɔ]腰条焦
eu[ɤ/ɤɯ]欧斗构　　ieu[iɤ/iɤɯ]优流休
ang[Ã]肮打张庚　　iang[iÃ]央凉　　uang[uÃ]汪横
en[ən]恩争　　in[in]因英　　uen[uən]温困
ong[oŋ]翁风中　　　iong[ioŋ]雍荣运
ak[ɐʔ]鸭合袜墨　　uak[uɐʔ]挖括骨
iek[iɪʔ]噎药雪
ok[oʔ]恶角叔
er[ər]而儿尔　　　　iok[ioʔ]郁浴局越血
m[m]呒姆　　n[n]五 鱼 午

上海话中有些字的读音有话音（白读）与书面音（文读）之分。如"加"白读为 ga，文读为 jia。上列例字中底下有"—"短横者，取其白读音；底下有"="者，取其文读音。

（3）声调

市区上海话有五个声调：

声调类别	声调调值（实际发音）	例字
阴平	˥₅₃	高天江飞啊
阴上	˦₃₄	走好懂太矮
阳上	˩₁₃	来同有外鞋
阴入	˥₅	各迫笔决压
阳入	˩₂₃（或 ˩₁₂）	白木学浊合

例字可作为每一个调类的代表。尤其是"啊、矮、鞋、压、合"几个字，分别代表阴平、阴上、阳上、阴入、阳入"的实际发音。普通话四声可以用四个"啊"代表：ā、á、ǎ、à，并以这四个"啊"作标准来衡量其他字的声调。上海话则可用这五个字："啊"ɑ⁵³［ʌ˥₅₃］、"矮"ɑ³⁴［ʌ˦₃₄］、"鞋"ɑ¹³［ɦʌ¹³］、"压"ɑk⁵［ɐʔ⁵］、"合"ɑk²³［ɦɐʔ²³］。

上海话声调的调值可以用"五度坐标法"表示：

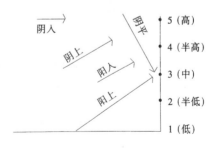

"五度坐标法"是先画一条竖线,然后从下到上分为四格五点,用五点表示"低、半低、中、半高、高"。例如普通话四声:

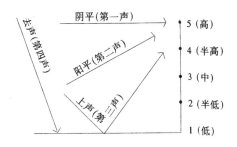

普通话第一声(阴平)是高平调,其调值是 55(从高到高的高平调),第二声(阳平)是高升调,调值是 33,以此类推,上声是 214,去声是 51。

前面上海话的"五度坐标法"中,阴平是 53,例如"高"gô⁵³[kɔ⁵³],念的时候念成高降调就行了。以此类推,阴上是 34,阳上是 13,阴入是 5,阳入是 23。

什么叫入声呢?入声的发音有一个特点,就是韵尾部分有一个不发声的塞音把前面的元音"锁"住,因此入声韵都比较短促。例如广州话"鸭"字的发音是 ab(或 ngab)(调值是 33),这 a 后的 b 就是一个摆架势而不发声的塞音,称为"唯闭塞音"。b 是双唇音,所以发音时先发 a,然后把双唇合拢,闭住,这样就把 a 锁住了,a 便显得很短促。广州话的入声尾除了 b 外,还有 d(例如"压":ad)和 g(如"竹":zug)。但上海话入声尾只有一个:[ʔ]。[ʔ]是喉部的塞音,所以上海话的入声都"锁"在喉部,不像广州话那样分别"锁"在双唇、舌尖中和舌根部位。

(4) 连读变调

两个或两个以上音节相连时,声调会发生变化。例如普通话中两个上声(第三声)连在一起时,前一个上声字会变成类似阳平。上海话的连读变调比较复杂,其规律是:第一个音节定调,后面的音节就失去原调,与第一个音节共用连读调。下面是上海话(市区)连读变调表:

变调＼音节数＼第一音节	两音节(两字)	三音节(三字)	四音节(四字)	五音节(五字)
阴平 53	55 21	55 33 31	55 33 33 31	55 33 33 33 31
阴上 34	33 44	33 55 31	33 55 33 31	33 55 33 33 31
阳上 13	22 44	22 55 31	22 55 33 31	22 55 33 33 31
阴入 5	33 44	33 55 31	33 55 33 31	33 55 33 33 31
阳入 23/12	11 23	11 22 23	A 11 22 22 23 B 22 55 33 31	22 55 33 33 31

例如:"地方"di$^{13\text{-}22}$ fang$^{53\text{-}44}$,"地"di^{13},调值原来是13,但连读变调后变成了22(13-22);"方"fang^{53},调值原来是53,变调后变成44(53-44)。又如"收音机"三个字音都是阴平,原来调值都是53,连读变调为:seu$^{53\text{-}55}$ in$^{53\text{-}33}$ ji$^{53\text{-}31}$。其余类推。

(二) 发音要点

(1) 上海话中in与ing不分,en与eng不分。中老年发音为ing、eng,青少年多发音为in、en。

(2) 上海话中有一套浊辅音声母,它们是:b[b]、d[d]、g[g]、v[v]、s[z]、j[dʑ]、x[ʑ]、o[ɦ]等。

本书设计的标音符号中,凡表示浊辅音的字母,除了v[v]与o[ɦ]外,底下都加一黑点,表示浊化。

o[ɦ]是喉部的浊擦音,本书不另设字母表示,读者只要看到音节(字音)本调调值是 13 或 23 的,该音节的声母便是浊辅音。n[n]与 m[m]、ng[ŋ]也是浊辅音,但是在有些字音中,n、m 则清化了。如"拿"读 nê[53]或 no[53],则是阴平;"咪"读 mi[53],也是阴平,这时的 n、m 是清辅音。因为可以凭调值来区别,所以本书不另外设计区别性符号。

有浊辅音声母系统是吴方言的重要特征。其他方言中没有那么多的浊辅音声母,所以许多人不习惯发浊辅音。在学说上海话时,他们应当注意学会浊辅音的发音。发清辅音时,声带不颤动,靠气流冲出或摩擦口腔的某个部位发出声音;而发浊辅音时,声带是同时颤动的,所以发出的音比清辅音低沉而明显。

(3) 上海话声调有阴入、阳入两个入声。北方方言区的各地方言大多没有入声,那些地方的人没有入声的发音习惯,不会发入声。我们在前面已经介绍了入声韵的构成特征与发音方法,不会发入声的人在学上海话时,首先应了解入声韵的特征,并请上海人帮着学会实际发音。

(4) 学会发 ô[ɔ]、eu[ɤ 或 ɯ]及 oü[ø]三个元音。

ô[ɔ]的发音:普通话中的 o[o]和上海话中的 ô[ɔ]都是舌面后的圆唇元音,[ɔ]的开口度比[o]的大一些,所以可先发[o],舌位不动,把口略张大一些,但要保持圆唇形,就可以发出 ô[ɔ]来。

eu[ɤ 或 ɯ]的发音:[ɤ]与[o]的发音部位相同,

但是[ɤ]是不圆唇元音,所以可先发[o],舌位与开口度大小不变,把嘴形拉开,变为不圆唇形,就是[ɤ];[ɯ]与[u](乌)同部位,[u]圆唇,[ɯ]不圆唇,所以先发[u],舌位与开口度不变,把嘴形拉开,变为不圆唇形,就是[ɯ]。

oü[ø]的发音:[ø]与普通话中ei[ei]韵母中的e[e]发音部位相同,区别是[e]不圆唇,[ø]圆唇,所以可先发[e],舌位与开口度大小不变,然后把嘴形收拢,形成圆形,就变成[ø]。

(5) ê,在汉语拼音方案中代表[ɛ]。如拼音字母B、C、D的字母名称分别读为bê[pɛ]、cê[tsʻɛ]、dê[tɛ]。本书用ê代表上海话中的[ɛ]。[ɛ]的开口度比[ɛ]略小,所以可以先发[ɛ],然后把舌位与开口度稍稍提升一点儿(即舌位抬高一点儿,开口度缩小一点儿)就可发出[ɛ]来。如果一时纠正不了,只会发[ɛ],让[ɛ]进入上海话,也可以,因为在上海话里,[ɛ]、[ɛ]是属于一个音位的,把[ɛ]发成[ɛ]不会引起字义变化。

(6) 上海话的零声母字发出音前基本上都有一个喉部瞬间紧张的过程,这是因为零声母字的元音前往往会有喉塞音[ʔ]作瞬间的过渡(大约只有"阿姨"或孩子呼叫的"阿婆"这两个词中的"阿"字,在发音时没有喉部紧张过程)。如"音",实际发音为[ʔin^{53}或ʔiŋ^{53}],in或ing前有一个[ʔ]。为了方便学习,本书不把元音前的[ʔ]标出,因为有无紧张过程,基本上不影响字音的识别,更不影响字义的辨别。

(7) 本书的第二部分是上海话语句。每句除了用拼音符号标音外,还用汉字进行直音注音。请注意,这些汉字要用普通话来读。如：

一	般	肥	皂	碱	性	忒	重。
iek⁵	bê⁵³	bi¹³	sô¹³	gê³⁴	xin³⁴	tak⁵	song¹³
噎。	拨嗳ˇ	比·	似噢ˇ	格嗳ˇ	辛	塌	耸

"一"是入声，拼音 iek⁵ 的韵尾是-k，同时注音字"噎"底下有一个"。"。"-k"与"。"都是表示入声的。"肥"的声母是b[b]，底下一点"·"表示 b 是浊辅音，所以注音字"比"字底下也有一个黑点"·"。"般"的汉字注音格式为"拨嗳ˇ"，这是表示用"拨"的声母 b 与"嗳"的韵母 ê[ɛ]相拼，可以读出"般"的字音。

请注意，前面说过，本调调值是 13 或 23 的，字音的声母便是浊辅音。也就是说，13 的是阳上调，23 的是阳入调。23 底下为什么要有一条小短横呢？因为入声短促，假如 13 算是两个节拍的话，那么 23 便是一个节拍，2 与 3 各为半个节拍，这样 23 就显得短促了。阴入只标一个 5，不标成 55，如"一"iek⁵，也是表示只有一个节拍，比较短促。

（8）同一个字，为什么往往用不同的汉字注音呢？这是因为同一个字在不同场合经连读变调后，会发生调值变化。例如"夜"字，字音为 ia¹³[ɦiA¹³]，"夜里"则变为 ia²² li¹³⁻⁴⁴，"半夜"又变为 boü³⁴⁻³³[pø³⁴⁻³³]ia⁴⁴。"夜里"的"夜"，音近普通话的"雅"，而"半夜"的"夜"，又音近于普通话的"鸦"了。本书在用汉字注音时，尽可能考虑到上海话的声调连读变调，使注音的汉字的声调读音尽量靠近上海话的变调调值或变调趋势。例如本书中"酒"字的注音字：

酒	量	啤	酒	葡	萄	酒
jieu³⁴	liang¹³	bi¹³	jieu³⁴	bu¹³	dê¹³	jieu³⁴
酒	凉	比	究	补	德噢	救

"酒"原调是34,在"酒量"中为33;在"啤酒"中为44;在"葡萄酒"中为31。"酒"在普通话中的调值是214,在"酒量"一词中,"量"由13变为44,这样,用普通话的"酒"去注上海话的"酒"音,就有一个由低到高的调值趋向,比较接近上海话中"酒量"的调值变化;"啤酒"中的"酒"变为44,是个半高的平直调,而"究"在普通话中的调值是55,是个高的平直调,用"究"注音,比较接近"平直"的特征;"葡萄酒"中的"酒",调值是31,是个降调,所以用在普通话里属于降调的"救"(调值是51)来注音。

当然,要做到一一对应是不可能的,本书只是在尽可能地利用类似的机会。用普通话汉字读音来注上海字音,是不可能注出准确的上海字音的,只能注出近似音。但是,在上海,近百年来始终存在着苏北腔、广东腔、山东腔的上海话。这些上海话的字音相对于本地上海话字音而言,也是近似音。例如苏北人不会发"安"oü[ø]这个音,于是便用苏北话中的[uəi](威)或[o](喔)来替代[ø],在说上海话时,往往把"看"koü[k'ø]念成 kuei[k'uəi]或 ko[k'o]("魁"或"苦")。我想,我们应当认为这类上海话也是一种上海话,是具有籍贯群体性差异的一种上海话。这种差异正好体现了上海这个"五方杂处"的城市的文化兼容性特征。而且事实上这种差异始终没有妨碍过上海人(不管是本地的还是外来的)之间的相互认同性与亲和性。

二、上海话的句式

上海话有些句子的结构方式,跟普通话的不完全相同。

(一) 语序

1. 普通话:快到了　　快好了　　快熟了
   上海话:到快勒　　好快勒　　熟快勒
   普通话:快要站起来了
   上海话:要立起来快勒
2. 普通话:看不太清楚
   上海话:看勿大清爽　　看大勿清爽
   普通话:不太会做
   上海话:勿大会做　　做勿大来　　做大勿来
3. 普通话:给他一本书
   上海话:拨伊本书　　拨本书伊
4. 普通话:打不过他
   上海话:打勿过伊　　打伊不过

(二) 是非问格式

普通话:A 吗?　A 不?　A 不 A?
　　　　是吗?　是不?　是不是?
　　　　去吗?　去不?　去不去?
上海话:A 哦?　A 勿啦?　A 勿 A?　阿 A?
　　　　是哦?　是勿啦?　是勿是?　阿是?
在上海市区,现在仍普遍使用的"阿 A"格式只剩下

"阿是",至于"阿吃"等"阿+动词或形容词"的格式,只在市郊中老年中使用了。

三、上海话词语

同其他方言一样,上海话有自己的方言词语,包括方言流行语。有些词语现在只存在语音形式,它们的文字形式还无法确知,因此只能借用同音字记录。下面例举一些常用词语:

楒 uak^{23}〔ɦuɐʔ^{23}〕核儿

落苏 lok$^{23-11}$ su$^{53-23}$〔loʔ$^{23-11}$ su$^{53-23}$〕茄子

老虫 lô$^{13-22}$ song$^{13-44}$〔lɔ$^{13-22}$ zoŋ$^{13-44}$〕老鼠

鋬 pê^{34}〔pʼɛ^{34}〕提手,把儿

饭糍 vê$^{13-22}$ si$^{13-44}$〔vɛ$^{13-22}$ zɿ$^{13-44}$〕锅巴

壁角落 biek$^{5-3}$ gok^5 lok$^{23-31}$〔piɪʔ$^{5-3}$ koʔ^5 loʔ$^{23-31}$〕墙角落

娘姨 niang$^{13-22}$ yi$^{13-44}$〔n̠iã$^{13-22}$ ɦi$^{13-44}$〕女佣,保姆

戆大 gang$^{13-22}$ du$^{13-44}$〔gã$^{13-22}$ du$^{13-44}$〕傻瓜

洋盘 iang$^{13-22}$ boü$^{13-44}$〔ɦiã$^{13-22}$ bø$^{13-44}$〕外行

屁照镜 pi$^{34-33}$ zô$^{34-55}$ jin$^{34-31}$〔pʼi$^{34-33}$ tsɔ$^{34-55}$ tɕin$^{34-31}$〕空屁,什么都没有

碰哭精 bang$^{13-22}$ kok^5 jin$^{53-31}$〔bã$^{13-22}$ kʼoʔ^5 tɕin$^{53-31}$〕动辄会哭者(贬语)

连档模子 li$^{13-22}$ dang$^{53-55}$ mu$^{13-33}$ zi$^{34-31}$〔li$^{13-22}$ tã$^{53-55}$ mu$^{13-33}$ tsɿ$^{34-31}$〕同伙

饭泡粥 vê$^{13-22}$ pô$^{34-55}$ zok$^{5-31}$〔vɛ$^{13-22}$ pʼɔ$^{34-55}$ tsoʔ$^{5-31}$〕贬喻

话多啰嗦者

孵 bu¹³[bu¹³] ① 孵：～小鸡；② 蹲着

孵太阳 bu¹³ ta³⁴⁻³³ iang¹³⁻⁴⁴[bu¹³ tʻA³⁴⁻³³ ɦiÃ¹³⁻⁴⁴] 晒太阳

呯 pang⁵³[pʻÃ⁵³] 用力关：拿门～上

勩 yi¹³[ɦi¹³] 磨损

赅 gê⁵³[kE⁵³] ① 拥有；② 吝啬

铆 bin³⁴[pin³⁴] 对峙，相持不下

烊 iang¹³[ɦiÃ¹³] 溶化

掇 dak⁵[tɐʔ⁵] 两手端

剃 pi⁵³[pʻi⁵³] 平削

涿 dok⁵[toʔ⁵] 淋

滞 di³⁴[ti³⁴] 滴下

揿 ji⁵³[tɕi⁵³] 用筷子夹

掝 huak⁵[huɐʔ⁵] 裂开

豁边 huak⁵⁻³ bi⁵³⁻⁴⁴[huɐʔ⁵⁻³ pi⁵³⁻⁴⁴] 超出常限，办糟了

瞎胡搞 hak⁵⁻³ u¹³⁻⁵⁵ gô¹³⁻³¹[hɐʔ⁵⁻³ ɦu¹³⁻⁵⁵ gɔ¹³⁻³¹] 胡搞

壮 zang³⁴[tsÃ³⁴] 肥胖

登腔 den⁵³ qiang⁵³[tən⁵³ tɕʻiÃ⁵³] 像样

滑跶 uak²³⁻¹¹ dak²³[ɦuɐʔ²³⁻¹¹ dɐʔ²³] 滑溜

杀缚 sak⁵⁻³ bok²³⁻⁴[sɐʔ⁵⁻³ boʔ²³⁻⁴] 结实，厉害

硬扎 ngang¹³⁻²² zak⁵[ŋÃ¹³⁻²² tsɐʔ⁵] 硬实；硬朗

吃力 qiek⁵⁻³ liek²³⁻⁴[tɕiɪʔ⁵⁻³ liɪ²³⁻⁴] 累；疲乏

悟心 u⁵³⁻⁵⁵ xin⁵³⁻³¹[ʔu⁵³⁻⁵⁵ ɕin⁵³⁻³¹] 称心满意，得意

嫧 zê³⁴[tsE³⁴] （东西）好

罪过 sê$^{13-22}$ gu$^{34-44}$［ZE$^{13-22}$ ku$^{34-44}$］可怜

发噱 fak$^{5-3}$ xiok^5［fɐʔ$^{5-3}$ ɕioʔ^5］滑稽

来三 lê$^{13-22}$ sê$^{53-44}$［lE$^{13-22}$ sE$^{53-44}$］能干，行

茄门 ga$^{13-22}$ men$^{13-44}$［gA$^{13-22}$ mən$^{13-44}$］无兴趣，不起劲

岜 kuê^{53}［k'uE^{53}］自大，傲慢

极 齁齁 jiek$^{23-11}$ heu$^{53-22}$ heu$^{53-23}$［dʑiɪʔ$^{23-11}$ hɤɯ$^{53-22}$ hɤɯ$^{53-23}$］急呼呼，急迫失态

吃价 qiek$^{5-3}$ ga$^{34-44}$［tɕ'iɪʔ$^{5-3}$ kA$^{34-44}$］了不起

等等

可参阅：

钱乃荣《上海方言俚语》（上海社会科学院出版社 1989 年 12 月版）

阮恒辉、吴继平《上海话流行语辞典》（上海汉语大词典出版社 1994 年 6 月版）；《上海话流行语》（上海大学出版社 2003 年 3 月版）；《上海市井闲话》（上海辞书出版社 2009 年 8 月版）

第二部分　上海话语句

下列语句,主要是日常用语。其排列格式为:

|你早!|　　　——普通话

侬　　早!　　——上海话

nong¹³　zô³⁴　——拼音符号注上海字音

农　　紫噢　——汉字直音注音,用普通话发音

一、问　候

1. |你早!|

    侬　　早!
    nong¹³　zô³⁴
    农　　紫噢

2. |你好!|

    侬　　好!
    nong¹³　hô³⁴
    农　　合噢

3. |新年好!|

问 候

新	年	好！
xin^{53}	ni^{13}	hô^{34}
新	尼.	合噢

4. |恭喜发财！|

恭	喜	发	财！
gong^{53}	xi^{34}	fak^5	sê^{13}
恭	细	发.	斯嗳.

5. |你身体好吗?|

侬	身	体	好	哦?
nong¹³	sen⁵³	ti³⁴	hô³⁴	va⁴⁴
农	森	替	合噢	哇

6. |你父母好吗?|

侬	爷	娘	好	哦?
nong¹³	ya¹³	niang¹³	hô³⁴	va⁴⁴
农	哑	娘	合噢	哇

7. |你爱人好吗?|

侬	爱	人	好	哦?
nong¹³	ê³⁴	nin¹³/ning¹³	hô³⁴	va⁴⁴
农	嗳	宁	合噢	哇

8. |你家里人都好吗?|

俉	屋	里	厢	侪	好	哦?
na¹³	ok⁵	li¹³	xiang⁵³	sê¹³	hô³⁴	va⁴⁴
哪	喔	哩	相	似嗳	合噢	哇

9. |很好,谢谢!|

蛮	好,	谢	谢!
mê⁵³	hô³⁴	xia¹³	xia¹³
摸嗳	合噢	霞	虾

10. |代我问声好。|

代	我	问	声	好。
dê¹³	ngu¹³	men¹³	sang⁵³	hô³⁴
德嗳	吾	蒙	桑	合噢

11. |孩子上中学了吧?|

小	囡	读	中	学	勒	哦?
xiô³⁴	noü¹³	dok²³	zong⁵³	ok²³	lak²³	va³¹
喜噢	奴迁	德喔	宗	喔	辣	哇

12. |明年要考大学了。|

明	年	要	考	大	学	勒。
min¹³	ni¹³	yô³⁴	kô³⁴	da¹³	ok²³	lak²³
敏	尼	衣噢	渴噢	打	喔	辣

13. |是吗？真快啊！|

是	哦?	真	快	啊!
si¹³	va⁴⁴	zen⁵³	kua³⁴	a³¹
死	哇	增	夸	啊

14. |近来忙吧？|

近	来	忙	哦?
jin¹³	lê¹³	mang¹³	va⁴⁴
紧	勒嗳	莽	哇

15. |不太忙，你呢？|

勿	大	忙，	侬	呐?
vak²³	da¹³	mang¹³	nong¹³	nak⁵
瓦	打	莽	农	呢

16. |还可以。|

还	可	以。
ê¹³	ku³⁴	yi¹³
嗳	苦	移

17. |非常忙。|

邪	气	忙。	/	吓	忙。
xia¹³	qi³⁴	mang¹³	/	hak⁵	mang¹³
霞	欺	莽	/	哈	莽

18. |饭吃过啦?|

饭	吃	过	啦?
vê¹³	qiek⁵	gu³⁴	la³¹
午嗳	切	估	啦

19. |去买菜啊?|

去	买	小	菜	啊?
qi³⁴	ma¹³	xiô³⁴	cê³⁴	a³¹
齐	马	细噢	此嗳	啊

20. |去玩啊?|

去	白	相	啊?
qi³⁴	bak²³	xiang³⁴	a³¹
齐	把	香	啊

21. |去逛街啊?|

去	荡	马	路	啊?
qi³⁴	dang¹³	mo¹³	lu¹³	a³¹
齐	挡	母	噜	啊

22. |身体最重要,多保重!|

身	体	顶	重	要,	多	保	重!
sen⁵³	ti³⁴	din³⁴	song¹³	yô³⁴	du⁵³	bô³⁴	song¹³
森	替	丁	耸	移噢	都	博噢	耸

23. |再见!|

再 会!

再	会!
zê^{53}	uê^{13}
兹嗳	畏.

24. |明天见!|

明	朝	会!
min¹³	zô⁵³	uê¹³
敏	兹噢	畏

25. |一会儿见!|

晏	歇	会!
ê³⁴	xiek⁵	uê¹³
嗳	歇	畏

26. |祝你一路顺风!|

祝	侬	一	路	顺	风!
zok⁵	nong¹³	iek⁵	lu¹³	sen¹³	fong⁵³
兹喔	农	噎	噜	森	佛·ong

27. |生日快乐!|

生	日	快	乐!
sang⁵³	niek²³	kua³⁴	lok²³
桑	聂	垮	勒喔

☞ **上海街坊常用流行语举例**

1. 晏歇会(ê³⁴⁻³³ xiek⁵ wê¹³⁻³¹) 本义是"一会儿见",如同北京话里"回见"。在流行语中,其含义是"分手"、"绝交"、"断绝关系"、"脱离关系"。例如:

小玲	搭	男	朋
xiô³⁴⁻³³ lin¹³⁻⁴⁴	dak⁵	noü¹³⁻²²	bang¹³⁻⁵⁵
小玲	搭	馁	帮

友	晏	歇	会	勒。
yeu¹³⁻³¹	ê³⁴⁻³³	xiek⁵	wê¹³⁻³¹	lak²¹
又	嗳	歇	畏	了

    (小玲跟男友分手了。)

2. 类似含义的词语现在在街坊中使用很普遍的还有"拗断"(ô³⁴⁻³³ doü¹³⁻⁴⁴)一词。例如：

两　　家　　头　　老　　早
liang¹³⁻²² ga⁵³⁻⁵⁵ deu¹³⁻³¹ lô¹³⁻²² zô³⁴⁻⁴⁴
两　　嘎　　豆　　老　　糟

拗　　断　　勒。
ô³⁴⁻³³ doü¹³⁻⁴⁴ lak²¹
拗　　堆　　了

（两个人早就断绝关系了。）

二、介　绍

1. |贵姓？|

   贵　　姓？
   guê³⁴　xin³⁴
   桂　　辛

2. |我姓林。|

   我　　姓　　林。
   ngu¹³　xin³⁴　lin¹³
   吾　　信　　林

3. |啊，是林先生！|

   噢，　是　　林　　先　　生！
   ô³¹　si¹³　lin¹³　xi⁵³　sang⁵³
   噢　　死　　林　　西　　嗓

4. |这是我的名片。|

   挬　　是　　我　　挬　　名　　片。
   gak²³　si¹³　ngu¹³　gak²³　min¹³　pi³⁴
   格　　死　　吾　　格　　敏　　批

5. |对不起,我今天没带名片。|

对	勿	起,	我	今	朝	呒	没
dê³⁴	vak²³	qi³⁴	ngu¹³	jin⁵³	zô⁵³	m¹³	mak²³
得嗳	挖	气	吾	今	兹噢	呒	麻

带	名	片。
da³⁴	min¹³	pi³⁴
达	敏	批

6. |不要紧。|

勿	要	紧。	/勿	搭	界。
vak²³	yô³⁴	jin³⁴	/vak²³	dak⁵	ga³⁴
瓦	移噢	进	/瓦	搭	噶

7. |我来介绍一下。|

我	来	介	绍	一	下。
ngu¹³	lê¹³	jia³⁴	sô¹³	iek⁵	xia³⁴
吾	勒嗳	贾	似噢	噎	下

8. |这位是李老师。|

搿	位	是	李	老	师。
gak²³	uê¹³	si¹³	li¹³	lô¹³	si⁵³
格	威	死	李	勒噢	四

9. |他是中学的高级教师。|

伊	是	中	学	搿	高	级	教	师。
yi¹³	si¹³	zong⁵³	ok²³	gak²³	gô⁵³	jiek⁵	jiô³⁴	si⁵³
以	死	宗	喔	格	格噢	借	基噢	司

10. |老林是锅炉厂老技工。|

老 林 是 锅 炉 厂 老 技
lô¹³ lin¹³ si¹³ gu⁵³ lu¹³ cang³⁴ lô¹³ ji¹³
勒噢 林 死 姑 鲁 苍 勒噢 己

工。
gong⁵³
共

11. |他技术水平非常高。|

伊 技 术 水 平 吓 高。
yi¹³ ji¹³ sak²³ si³⁴ bin¹³ hak⁵ gô⁵³
以 己 色 四 宾 哈 格噢

12. |我们早就是老朋友了。|

阿 拉 老 早 就 是 老
ak⁵ la⁵³ lô¹³ zô³⁴ jieu¹³ si¹³ lô¹³
阿 拉 勒噢 兹噢 酒 斯 勒噢

朋 友 勒。
bang¹³ ieu¹³ lak²¹
浜 又 了

13. |他儿子在哪儿工作?|

伊 儿 子 勒 啥 地 方 工 作?
yi¹³ ni¹³ zi³⁴ lak²³ sa³⁴ di¹³ fang⁵³ gong⁵³ zok⁵
以 你 兹 勒 洒 底 放 工 作

14. |在银行里工作。|

勒 银 行 里 做 生 活
lak²³ nin¹³ ang¹³ li¹³ zu³⁴ sang⁵³ uok²³
勒 您 昂 里 祖 桑 卧

(/工　作)。
gong⁵³　zok⁵
（工　作）

15. |结婚了吗?|

结　　婚　　勒　　哦?
jiek⁵　huen⁵³　lak²³　va³¹
结　　婚　　勒　　哇

16. |还没有。|

还　　呒　　没。
ê¹³　m¹³　mak²³
嗳　　呒　　麻

17. |不过已有女朋友了。|

不　　过　　已　　有　　女　　朋　　友　　勒。
bak⁵　gu³⁴　yi³⁴　ieu¹³　nü¹³　bang¹³　ieu¹³　lak²³
拨　　姑　　衣　　有　　女　　帮　　又　　了

18. |人脾气很好,长得不错。|

人　　脾　　气　　老　　好,　长　　得
nin¹³　bi¹³　qi³⁴　lô¹³　hô³⁴　zang³⁴　dak⁵
宁　　比　　欺　　勒噢　合噢　兹昂　得

勿　　错。
vak²³　cu³⁴
瓦　　粗

19. |老李,今后请多帮助!|

老　　李,　今　　后　　请　　多　　多　　帮　　助。
lô¹³　li¹³　jin⁵³　eu¹³　qin³⁴　du⁵³　du⁵³　bang⁵³　su¹³
勒噢　离　　今　　沤　　情　　都　　都　　帮　　素

20. |我要向你学习。|

我	要	向	侬	学	习。
ngu¹³	iô³⁴	xiang³⁴	nong¹³	ok²³	xiek²³
吾	衣噢	祥	农	喔	歇

21. |你们都别客气了。|

倷	俫	勿	要	客	气	勒。
na¹³	sê¹³	vak²³	iô³⁴	kak⁵	qi³⁴	lak²¹
哪	斯嗳	瓦	衣噢	咔	欺	了

22. |大家互相帮助吧！|

大	家	互	相	帮	助	哦！
da¹³	ga⁵³	ngu¹³	xiang⁵³	bang⁵³	su¹³	va³¹
打	旮	吾	香	帮	素	哇

上海街坊常用流行语举例

1. 方向（fang⁵³⁻⁵⁵ xiang³⁴⁻³¹）　隐喻可能成为恋人的异性目标。使用者多为青年人。例如：

伊	儿	子	有	方
yi¹³	ni¹³⁻²²	zi³⁴⁻⁴⁴	yeu¹³	fang⁵³⁻⁵⁵
以	拟	资	有	方

向	勒。
xiang³⁴⁻³¹	lak²³
向	了

（他儿子有女朋友了。）

2. 谈敲定（dê¹³ kô⁵³⁻⁵⁵ din¹³⁻³¹）　在青年人的流行语中，"敲定"有恋爱对象或未婚夫、妻的含意。所以"谈敲定"是指谈恋爱。例如：

哪	能?	俉	夜	头
na$^{13-22}$	nen$^{13-44}$	na^{13}	ya$^{13-22}$	deu$^{13-44}$
哪	能	哪	雅	兜

出	去	谈	敲	定	啊?
cak$^{5-3}$	qi$^{34-44}$	de^{13}	kô$^{53-55}$	din$^{13-31}$	a^{21}
测	欺	歹	尻	定	啊

(怎么?你们晚上出去谈恋爱啊?)

三、访 友

1. |有人敲门。|

有	人	敲	门。
ieu^{13}	nin^{13}	kô^{53}	men^{13}
有	宁	克噢	蒙

2. |谁?|

啥	人?
sa^{34}	nin^{13}
洒	宁

3. |杨老师在吗?|

杨	老	师	勒	嗨	哦?
yang^{13}	lô^{13}	si^{53}	lak^{23}	hê^{34}	va^{44}
养	勒噢	斯	勒	合嗳	哇

4. |小施来了,欢迎!|

小	施	来	勒,	欢	迎!
xiô^{34}	si^{53}	lê^{13}	lak^{23}	hoü^{53}	nin^{13}
细噢	斯	勒嗳	了	呼迂	泞

5. |里边请!|

    里　　厢　　请!
    li¹³　xiang⁵³　qin³⁴
    里．　香．　情

6. |请坐!|

    请　　坐!
    qin³⁴　su¹³
    情　　俗．

7. |请喝茶!|

    请　　吃　　茶!
    qin³⁴　qiek⁵　so¹³
    情　　妾。　俗．

8. |自己人,别客气!|

    自　　家　　人,　勿　　要　　客　　气!
    si¹³　ga⁵³　nin¹³　vak²³　iô³⁴　kak⁵　qi³⁴
    死．　咖．　泞．　瓦．　衣噢　咔。　欺

9. |好久不见了,近来怎么样?|

    长　　远　　勿　　见　　勒,　近　　来
    sang¹³　yu¹³　vak²³　ji³⁴　lak²³　jin¹³　lê¹³
    嗓　　迂　　瓦．　集　　了　　紧　　勒嗳⌣

    哪　　能?
    na¹³　nen¹³
    哪　　能

10. |最近我跳槽了。|

最　　近　　我　　跳　　槽　　勒。
zoü³⁴　jin¹³　ngu¹³　tiô³⁴　sô¹³　lak²³
祖迁　紧　吾　体噢　斯噢　了

11. |跳到哪里去了?|

跳　　到　　阿　　里　　搭　　去　　啦?
tiô³⁴　dô³⁴　a¹³　li¹³　dak⁵　qi³⁴　la⁴⁴
体噢　得噢　阿　离　搭　气　啦

12. |自己开了一家点心店。|

自　　家　　开　　勒　　一　　爿　　点
si¹³　ga⁵³　kê⁵³　lak²³　iek⁵　bê¹³　di³⁴
死　咖　克嗳　了　噎　拨嗳　敌

心　　店。
xin⁵³　di³⁴
心　弟

13. |生意不错。|

生　　意　　勿　　错。
sang⁵³　yi³⁴　vak²³　cu³⁴
桑　意　瓦　粗

14. |我带来一些点心。|

我　　带　　来　　一　　点　　点　　心。
ngu¹³　da³⁴　lê¹³　iek⁵　di³⁴　di³⁴　xin⁵³
吾　达　勒嗳　噎　低　敌　心

15. |是我店里做的。|

是　　我　　店　　里　　厢　　做　　瓣。
si¹³　ngu¹³　di³⁴　li¹³　xiang⁵³　zu³⁴　gak²³
死　吾　笛　哩　向　祖　格

我带来一些点心。

16. |送给你们尝尝味道。|

送	拨	倻	尝	尝	味	道。
song³⁴	bak⁵	na¹³	sang¹³	sang¹³	mi¹³	dô¹³
耸	拨	哪	嗓	嗓	米	得噢

17. |这怎么好意思？|

格	哪	能	好	意	思？
gak⁵	na¹³	nen¹³	hô³⁴	yi³⁴	si⁵³
格	哪	能	合噢	衣	四

18. |一点儿东西，想请你们提提意见。|

一	点	点	物	事，	想	请	倻
iek⁵	di³⁴	di³⁴	mak²³	si¹³	xiang³⁴	qin³⁴	na¹³
噎	低	帝	马	斯	祥	情	那

提	提	意	见。
di¹³	di¹³	yi³⁴	ji³⁴
抵	低	衣	寄

19. |那真是谢谢了。|

格	真	是	谢	谢	勒。
gak⁵	zen⁵³	si¹³	xia¹³	xia¹³	lak³¹
隔	增	似	霞	虾	了

20. |自己人，说什么谢呢。|

自	家	人，	讲	啥	谢	啦。
si¹³	ga⁵³	nin¹³	gang³⁴	sa³⁴	xia¹³	la³¹
死	咖	泞	港	洒	霞	啦

21. |来，我们喝几杯！|

来，	阿	拉	吃	几	杯！
lê¹³	ak⁵	la⁵³	qiek⁵	ji³⁴	bê⁵³
勒嗳	阿	拉	切	集	杯

22. |这么多菜啊？|

介	许	多	小	菜	啊？
ga⁵³	xu³⁴	du⁵³	xiô³⁴	cê³⁴	a³¹
咖	徐	都	细噢	此嗳	啊

23. |没什么好菜。|

呒	没	啥	好	小	菜。
m¹³	mak²³	sa³⁴	hô³⁴	xiô³⁴	cê³⁴
呒	嬷	洒	合噢	细噢	此嗳

24. |为你生意兴隆干杯!|

为	侬	生	意	兴	隆	干	杯!
uê¹³	nong¹³	sang⁵³	yi³⁴	xin⁵³	long¹³	goü⁵³	bê⁵³
围	农	桑	意	兴	弄	古迁	被

25. |吃饱了。|

吃	饱	勒。
qiek⁵	bô³⁴	lak³¹
切	勃噢	了

26. |我要走了。|

我	要	走	勒。
ngu¹³	iô³⁴	zeu³⁴	lak⁴
吾	衣噢	走	了

27. |忙什么,还早呢!|

忙	点	啥,	还	早	勒!
mang¹³	di³⁴	sa³⁴	ê¹³	zô³⁴	lak⁴
忙	低	洒	嗳	兹噢	了

28. |已经不早了。|

已	经	勿	早	勒。
yi³⁴	jin⁵³	vak²³	zô³⁴	lak³¹
衣	进	瓦	兹噢	了

29. |哟,下雨了。|

哼， 落 雨 勒。
io⁵⁵ lok²³ yu¹³ lak⁴
哟 落 于 了

30. |雨停了再走吧!|

雨 停 勒 再 走 哇!
yu¹³ din¹³ lak⁴ zê⁵³ zeu³⁴ va⁴⁴
雨 顶 了 兹嗳 走 哇

31. |再坐一会儿。|

再 坐 一 歇。
zê⁵³ su¹³ iek⁵ xiek⁵
兹嗳 素 噎 卸

32. |打扰了。|

打 扰 勒。
dang³⁴ sô¹³ lak³¹
挡 斯噢 了

33. |常来玩儿。|

经 常 来 白 相。
jin⁵³ sang¹³ lê¹³ bak²³ xiang³⁴
今 嗓 勒嗳 把 祥

34. |噢,带把伞去。|

噢， 带 把 伞 去。
o³¹ da³⁴ bo³⁴ sê³⁴ qi³⁴
噢 达 勃喔 斯嗳 欺

35. |没什么招待,真对不起!|

呒	啥	招	待,	真	对	勿	起!
m^{13}	sa^{34}	zô^{53}	dê^{13}	zen^{53}	dê^{34}	vak^{23}	qi^{34}
呒	撒	兹噢	得嗳	增	得嗳	挖	气

36. |留步,不要送了。|

留	步,	勿	要	送	勒。
lieu^{13}	bu^{13}	vak^{23}	iô^{34}	song^{34}	lak^{4}
柳	步	瓦	衣噢	送	勒

37. |走好,再见!|

走	好,	再	会!
zeu^{34}	hô^{34}	zê^{34}	uê^{13}
走	喝噢	兹嗳	畏

☞ 上海街坊常用流行语举例

1. 上路(sang^{13} lu^{13})　指为人讲义气、够朋友;做事情很得体、好通融。例如:

老	王	老	上	路,	朋	友
lô$^{13-22}$	wang$^{13-44}$	lô^{13}	sang^{13}	lu^{13}	bang$^{13-22}$	yeu$^{13-44}$
老	汪	老	嗓	鲁	绑	优
求	伊	帮	忙,	伊	总	归
jieu$^{13-22}$	yi$^{13-44}$	bang^{53}	mang^{13}	yi^{13}	zong$^{34-33}$	guê$^{53-44}$
久	衣	帮	莽	以	总	归
一	句	闲	话。			
yek$^{5-3}$	ju$^{34-44}$	ê$^{13-22}$	o$^{13-44}$			
也	居	欸	乌			

(老王很够朋友,朋友求他帮忙,他总是一口答应。)

2. 大路(da$^{13-22}$ lu$^{13-44}$)　指为人豁达、大方;也可表示

"普通的"、"一般的"、"大众化"的这类意思。用作形容词。例如：

a. 老 张 大 路 来 西, 扶
   lô¹³⁻²² zang⁵³⁻⁴⁴ da¹³⁻²² lu¹³⁻⁵⁵ lê¹³⁻³³ xi⁵³⁻³¹ vu¹³⁻²²
   老 臧 打 噜 来 细 午

   贫 帮 困 伊 是 积
   bin¹³⁻⁴⁴ bang⁵³⁻⁵⁵ kuen³⁴⁻³¹ yi¹³ si¹³ jiek⁵⁻³
   兵 帮 困 以 死 捷

   极 分 子。
   jiek²³⁻⁵ ven¹³⁻³³ zi³⁴⁻³¹
   接 问 自

   (老张大方得很,扶贫帮困他是积极分子。)

b. 侬 只 手 机 大 路
   nong¹³ zak⁵ seu³⁴⁻³³ ji⁵³⁻⁴⁴ da¹³⁻²² lu¹³⁻⁵⁵
   农 匝 叟 机 打 噜

   来 西, 呒 啥 稀 奇。
   lê¹³⁻³³ xi³¹ m¹³⁻²² sa³⁴⁻⁵⁵ xi⁵³⁻⁵⁵ ji¹³⁻³¹
   来 细 姆 撒 希 几

   (你这只手机普通得很,没什么稀罕。)

四、问 事

1. |今天几号?|

   今 朝 几 号?
   jin⁵³ zô⁵³ ji³⁴ ô¹³
   今 兹噢 集 噢

2. |礼拜几?|

礼　　拜　　几?
li¹³　ba³⁴　ji³⁴
里　　巴　　集

3. |现在几点钟?|

现　　在　　几　　点　　钟?
yi¹³　sê¹³　ji³⁴　di³⁴　zong⁵³
以　　似嗳　集　　低　　粽

4. |哪位是张先生?|

阿　　里　　一　　位　　是　　张　　先　　生?
a¹³　li¹³　iek⁵　uê¹³　si¹³　zang⁵³　xi⁵³　sang⁵³
阿　　哩　　噎　　位　　死　　臧　　西　　嗓

5. |你从哪里来?|

侬　　从　　阿　　里　　搭　　来?
nong¹³　song¹³　a¹³　li¹³　dak⁵　lê¹³
农　　耸　　阿　　哩　　答　　勒嗳

6. |到哪儿去?|

到　　啥　　地　　方　　去?
dê³⁴　sa³⁴　di¹³　fang⁵³　qi³⁴
得噢　洒　　低　　放　　气

7. |这些东西是谁的?|

哀　　点　　物　　事　　是　　啥　　人　　掰?
ê⁵³　di³⁴　mak²³　si¹³　si¹³　sa³⁴　nin¹³　gak²¹
嗳　　地　　马　　斯　　死　　洒　　宁　　格

8. |你冷不冷?|

侬　　冷　　勿　　冷?
nong¹³　lang¹³　vak²³　lang¹³
农　　朗　　挖　　浪

要不要穿件大衣?

9. |要不要穿件大衣?|

要	勿	要	着	件	大	衣?
iô³⁴	va¹³	iô³⁴	zak⁵	ji¹³	da¹³	yi⁵³
衣噢	挖	衣噢	扎	基	打	衣

10. |行吗?|

来	事	哦?
lê¹³	si¹³	va³¹
勒嗳	斯	哇

11. |你喜欢什么?|

侬	欢	喜	啥?
nong¹³	hoü⁵³	xi³⁴	sa³⁴
农	呼迁	细	洒

12. |站在那边做什么?|

立	勒	伊	面	做	啥?
liek²³	lak²³	yi⁵³	mi¹³	zu³⁴	sa³⁴
咧	勒	衣	秘	足	洒

13. |路上累了吧?|

路	朗	吃	力	勒	哦?
lu¹³	lang¹³	qiek⁵	liek²³	lak²³	va³¹
鲁	郎	切	咧	勒	哇

14. |去洗个澡好吗?|

去	汏	豁	浴	好	哇?
qi³⁴	da¹³	gak²³	iok²³	hô³⁴	va⁴⁴
齐	打	格	越	合噢	哇

15. |东西放在左边的桌子上,是吗?|

物	事	放	勒	左	面	台	子
mak²³	si¹³	fang³⁴	lak²³	zu³⁴	mi¹³	dê¹³	zi³⁴
马	斯	防	勒	足	咪	得嗳	资

朗,	是	哇?
lang¹³	si¹³	va⁴⁴
浪	死	哇

16. |对不起,请问一下。|

对	勿	起,	请	问	一	下。
dê³⁴	vak²³	qi³⁴	qin³⁴	men¹³	iek⁵	xia³⁴
得嗳	挖	气	情	门	噎	下

17. |去四川路坐几路车?|

去	四	川	路	坐	几	路	车?
qi³⁴	si³⁴	coü⁵³	lu¹³	su¹³	ji³⁴	lu¹³	co⁵³
齐	四	粗迂	陆	俗	集	噜	粗

18. |去海宁路还是山阴路?|

去	海	宁	路	还	是	山
qi³⁴	hê³⁴	nin¹³	lu¹³	ê¹³	si¹³	sê⁵³
齐	合嗳	宁	陆	嗳	斯	斯嗳

阴	路?
in⁵³	lu¹³
阴	陆

19. |17路还是21路电车?|

十	七	路	还	是	廿	一	路
sak²³	qiek⁵	lu¹³	ê¹³	si¹³	niê¹³	iek⁵	lu¹³
色	切	噜	嗳	斯	聂	噎	路

电　　车？
di¹³　co⁵³
底　　粗

20. |这个座位有人吗？|

哀　　只　　位　　子　　有　　人　　哇？
ê⁵³　zak⁵　uê¹³　zi³⁴　ieu¹³　nin¹³　va⁴⁴
嗳　　咂　　伟　　资　　有　　拧　　哇

21. |下一站是什么地方？|

下　　一　　站　　是　　啥　　地　　方？
o¹³　iek⁵　sê¹³　si¹³　sa³⁴　di¹³　fang⁵³
午　　噎　　似嗳　斯　　洒　　低　　放

22. |那几个小孩儿在哪儿下车？|

葛　　几　　瓣　　小　　因　　勒　　啥　　地
gak⁵　ji³⁴　gak²³　xiô³⁴　noü¹³　lak²³　sa³⁴　di¹³
格　　集　　格　　细噢　奴迁　勒　　洒　　低

方　　下　　车？
fang⁵³　o¹³　co⁵³
放　　午　　粗

23. |火车什么时候开？|

火　　车　　啥　　辰　　光　　开？
hu³⁴　co⁵³　sa³⁴　sen¹³　guang⁵³　kê⁵³
胡　　粗　　洒　　森　　逛　　克嗳

24. |到桂林要多少时间？|

到　　桂　　林　　要　　几　　化　　辰　　光？
dô³⁴　guê³⁴　lin¹³　iô³⁴　ji³⁴　ho³⁴　sen¹³　guang⁵³
得噢　桂　　林　　衣噢　集　　胡　　森　　光

下一站是什么地方?

25. |停几分钟?|

停	几	分	钟?
din¹³	ji³⁴	fen⁵³	zong⁵³
顶	集	分	粽

26. |到嘉兴时请告诉我一声。|

到 嘉 兴 掰 辰 光 请
dô³⁴ ga⁵³ xin⁵³ gak²³ sen¹³ guang⁵³ qin³⁴
得噢 咖 信 格 森 光 情

告 诉 我 一 声。
gô³⁴ su³⁴ ngu¹³ iek⁵ sang⁵³
格噢 素 吾 噎 桑

27. |要一辆出租车。|

要 一 部 差 头。（出 租 车）
iô³⁴ iek⁵ bu¹³ ca⁵³ deu¹³ （cak⁵ zu⁵³ co⁵³）
衣噢 噎 部 擦 斗 （嚓 租 醋）

28. |在这里能下车吗?|

勒 此 地 好 下 车 哦?
lak²³ ci⁵³ di¹³ hô³⁴ o¹³ co⁵³ va³¹
勒 疵 地 合噢 午 粗 哇

29. |离这里近吗?|

离 掰 搭 近 哇?
li¹³ gak²³ dak⁵ jin¹³ va⁴⁴
离 格 答 紧 哇

30. |快到了吧?|

到 快 勒 哦?
dô³⁴ kua³⁴ lak²³ va³¹
得噢 夸 勒 哇

31. |八仙桥那儿有超市吗?|

八	仙	桥	嗨	头	有	超
bak⁵	xi⁵³	jiô¹³	hê³⁴	deu¹³	ieu¹³	cô⁵³
巴	西	集噢	合嗳	豆	有	疵噢

市	哦?
si¹³	va³¹
似	哇

32. |南浦大桥是几时通车的?|

南	浦	大	桥	是	几	时	通
noü¹³	pu³⁴	da¹³	jiô¹³	si¹³	ji³⁴	si¹³	tong⁵³
奴迁	蒲	打	集噢	斯	集	斯	通

车	掰?
co⁵³	gak²³
粗	格

33. |明信片有卖吗?|

明	信	片	有	得	卖	哇?
min¹³	xin³⁴	pi³⁴	ieu¹³	dak⁵	ma¹³	va⁴⁴
敏	形	僻	有	答	马	哇

34. |寄封信去香港贴多少钱邮票?|

寄	封	信	去	香	港	贴
ji³⁴	fong⁵³	xin³⁴	qi³⁴	xiang⁵³	gang³⁴	tiek⁵
集	佛·ong	形	齐	香	杠	贴

几	钿	邮	票?
ji³⁴	di¹³	ieu¹³	piô³⁴
几	低	有	批噢

35. |黄先生想参加浦东开发?|

黄	先	生	想	参	加	浦
uang^{13}	xi^{53}	sang^{53}	xiang^{34}	coü^{53}	ga^{53}	pu^{34}
往	西	桑	祥	粗迁	咖	蒲

东	开	发?
dong^{53}	kê^{53}	fak^5
东	克嗳	发

36. |不知有没有接受意向?|

勿	晓	得	有	勿	有	接	受
vak^{23}	xiô^{34}	dak^5	ieu^{13}	vak^{23}	ieu^{13}	jiek^5	seu^{13}
瓦	细噢	得	有	挖	有	节	收

意	向?
yi^{34}	xiang^{34}
移	香

37. |欢迎!黄先生投资多少?|

欢	迎!	黄	先	生	投	资
hoü^{53}	nin^{13}	uang^{13}	xi^{53}	sang^{53}	deu^{13}	zi^{53}
呼迁	泞	王	西	桑	抖	资

多	少?
du^{53}	sô^{34}
都	斯噢

☞ 上海街坊常用流行语举例

1. 拉吊环(la^{53} diô$^{34-33}$ guê$^{13-44}$) 指乘公交车。近几年,上海的公交车上装上了当扶手用的吊环,所以人们就把乘公交车戏说成"拉吊环"。例如:

阿	拉	是	一	般	豁	工
a³³	la⁴⁴	si¹³	yek⁵⁻³	bê⁵³⁻⁴⁴	gak²³⁻²¹	gong⁵³⁻⁵⁵
阿	拉	死	耶	杯	格	工

薪	族，	只	好	天	天	拉
xin⁵³⁻³³	sok²³⁻³¹	zak⁵⁻³	hô³⁴⁻⁴⁴	ti⁵³⁻⁵⁵	ti⁵³⁻³¹	la⁵³
信	嗦	杂	耗	梯	替	拉

吊	环
diô³⁴⁻³³	guê¹³⁻⁴⁴
吊	规

（我们是一般的工薪族，只好天天坐公交车。）

2. 拉差头(la⁵³ ca⁵³⁻⁵⁵ deu¹³⁻³¹) 指乘出租车。20 世纪 80 年代后期起，不少人把出租车称为"差头"。例如：

路	忒	远，	还	是	拉	部
lu¹³	tak⁵	yu¹³	ê¹³⁻²²	si¹³⁻⁴⁴	la⁵³⁻⁵⁵	bu¹³⁻³¹
鲁	它	雨	欸	思	拉	部

差	头	去	哦。
ca⁵³⁻⁵⁵	deu¹³⁻³¹	qi³⁴	va⁴⁴
擦	豆	其	哇

（路太远，还是叫辆出租车去吧。）

五、食 事

1. |你早上吃什么？|

侬	早	朗	向	吃	点	啥？
nong¹³	zô³⁴	lang¹³	xiang³⁴	qiek⁵	di³⁴	sa³⁴
农	子噢	啷	向	切	敌	洒

2. |吃泡饭，加一个白煮鸡蛋。|

吃	泡	饭，	加	一	只	白	煠
qiek⁵	pô³⁴	vê¹³	ga⁵³	iek⁵	zak⁵	bak²³	sak²³
切	泼噢	午嗳	旮	噎	咂	把	洒

鸡	蛋。
ji⁵³	dê¹³
鸡	得嗳

3. |用酱菜下饭。|

用	酱	菜	过	饭。
iong¹³	jiang³⁴	cê³⁴	gu³⁴	vê¹³
永	蒋	此嗳	古	乌嗳

4. |特别喜欢甜酱瓜。|

特	别	欢	喜	甜	酱	瓜。
dak²³	biek²³	hoü⁵³	xi³⁴	di¹³	jiang³⁴	go⁵³
大	别	呼迂	细	底	浆	顾

5. |我不吃黄泥螺。|

我	勿	吃	黄	泥	螺。
ngu¹³	vak²³	qiek⁵	uang¹³	ni¹³	lu¹³
吾	瓦	切	网	泥	路

6. |大饼、油条怎么样?|

大	饼、	油	条	哪	能?
da¹³	bin³⁴	ieu¹³	diô¹³	na¹³	nen¹³
打	兵	有	低噢	哪	能

7. |街上的太脏,不敢吃。|

路	朗	骱	忒	腌	臢,	勿
lu¹³	lang¹³	gak²³	tak⁵	ok⁵	cok⁵	vak²³
鲁	啷	格	塌	喔	搓	瓦

敢　　　吃。
gou³⁴　qiek⁵
咕迁　　切

8. |店里比较干净点儿。|

店　　里　　比　　较　　清　　爽　　点。
di³⁴　li¹³　bi³⁴　jiô³⁴　qin⁵³　sang³⁴　di³⁴
笛　　哩　　鼻　　基噢　清　　嗓　　地

9. |我有时吃一碗素鸡面。|

我　　有　　常　　时　　吃　　一　　碗　　素
ngu¹³　ieu¹³　sang¹³　si¹³　qiek⁵　iek⁵　oü³⁴　su³⁴
吾　　有　　桑　　似　　切　　噎　　喔迁　俗

鸡　　面。
ji⁵³　mi¹³
鸡　　密

10. |素鸡很好，是豆制品。|

素　　鸡　　蛮　　好，　是　　豆　　制　　品。
su³⁴　ji⁵³　mê⁵³　hô³⁴　si¹³　deu¹³　zi³⁴　pin³⁴
俗　　鸡　　摸嗳　合噢　死　　抖　　资　　聘

11. |上海的生煎包很有名。|

上　　海　　辣　　生　　煎　　馒　　头
sang¹³　hê³⁴　gak²³　sang⁵³　ji⁵³　moü¹³　deu¹³
嗓　　合嗳　格　　桑　　基　　莫迁　豆

蛮　　有　　名　　气。
mê⁵³　ieu¹³　min¹³　qi³⁴
摸嗳　有　　敏　　欺

12. |不过，我更喜欢小笼包子。|

我有时吃一碗素鸡面。

不	过，	我	更	加	欢	喜	小
bak⁵	gu³⁴	ngu¹³	gen³⁴	ga⁵³	hoü⁵³	xi³⁴	xiô³⁴
拔	咕	吾	哏	旮	呼迁	细	细噢

笼	馒	头。
long¹³	moü¹³	deu¹³
笼	莫迁	豆

13. |我老了，经常吃粥。|

我	老	勒，	经	常	吃	粥。
ngu¹³	lô¹³	lak²³	jin⁵³	sang¹³	qiek⁵	zok⁵
吾	勒噢	了	经	嗓	切	兹喔

14. |小绍兴鸡粥不错。|

小	绍	兴	鸡	粥	勿	错。
xiô³⁴	sô¹³	xin⁵³	ji⁵³	zok⁵	vak²³	cu³⁴
细噢	似噢	信	鸡	兹喔	瓦	粗

15. |白斩鸡很嫩。|

白	斩	鸡	邪	气	嫩。
bak²³	zê⁵³	ji⁵³	xia¹³	qi³⁴	nen¹³
把	兹嗳	鸡	霞	欺	能

16. |功德林素菜……|

功	德	林	素	菜……
gong⁵³	dak⁵	lin¹³	su³⁴	cê³⁴
功	瘩	斉	俗	疵嗳

17. |荤素应该搭配着吃。|

荤	素	应	该	搭	配	勒	吃。
huen⁵³	su³⁴	in⁵³	gê⁵³	dak⁵	pê³⁴	lak²³	qiek⁵
昏	素	应	葛嗳	达	胚	了	切

18. |菜太辣，我吃不惯。|

小	菜	忒	辣，	我	吃
xiô³⁴	cê³⁴	tak⁵	lak²³	ngu¹³	qiek⁵
细噢	疵嗳	塌	喇	吾	切

勿　　惯。
vak²³　guê³⁴
挖　　固噯

19. |太咸对胃不好。|

忒　咸　对　胃　勿　好。
tak⁵　ê¹³　dê³⁴　uê¹³　vak²³　hô³⁴
塌　噯　得噯　伟　瓦　合噢

20. |稍稍放点儿醋有好处。|

稍　微　放　点　醋　有　好　处。
sô⁵³　vê¹³　fang³⁴　di³⁴　cu³⁴　ieu¹³　hô³⁴　ci³⁴
斯噢　卫　房　低　徂　有　合噢　疵

21. |你酒量怎么样?|

侬　酒　量　哪　能?
nong¹³　jieu³⁴　liang¹³　na¹³　nen¹³
农　酒　凉　哪　能

22. |我每天喝点儿葡萄酒。|

我　每　天　吃　点　葡　萄　酒。
ngu¹³　mê⁵³　ti⁵³　qiek⁵　di³⁴　bu¹³　dô¹³　jieu³⁴
吾　梅　替　切　低　补　德噢　救

23. |不太喝啤酒。|

勿　大　吃　啤　酒。
vak²³　da¹³　qiek⁵　bi¹³　jieu³⁴
瓦　搭　切　比　究

24. |少喝点黄酒也很好。|

少	吃	点	老	酒	也
sô³⁴	qiek⁵	di³⁴	lô¹³	jieu³⁴	a¹³
斯噢	切	蒂	勒噢	究	阿

蛮	好。
mê⁵³	hô³⁴
摸嗳	合噢

25. |不要吸烟。|

勿	要	吃	香	烟。
vak²³	iô³⁴	qiek⁵	xiang⁵³	yi⁵³
瓦	衣噢	切	香	意

26. |菜呢,上海人喜欢放酱油。|

小	菜	呐,	上	海	人	欢
xiô³⁴	cê³⁴	nak²¹	sang¹³	hê³⁴	nin¹³	hou³⁴
细噢	此嗳	呢	嗓	合嗳	泞	呼迂

喜	放	酱	油
xi³⁴	fang³⁴	jiang³⁴	ieu¹³
细	防	酱	忧

27. |红烧肉里要放许多酱油。|

红	烧	肉	里	要	摆	交
ong¹³	sô⁵³	niok²³	li¹³	iô³⁴	ba³⁴	jiô⁵³
喔嗯	斯噢	尼喔	里	移噢	拔	基噢

关	酱	油。
guê⁵³	jiang³⁴	ieu¹³
估嗳	酱	忧

28. |现在许多人不吃肥肉。|

现 在 交 关 人 勿 吃
yi¹³ sê¹³ jiô⁵³ guê⁵³ nin¹³ vak²³ qiek⁵
以 斯噯 基噢 固噯 咛 瓦 切

油 肉。
ieu¹³ niok²³
有 尼喔

29. |所以鸡、鸭等吃得比较多。|

所 以 鸡、 鸭 咾 啥 吃 得
su³⁴ yi¹³ ji⁵³ ak⁵ lô¹³ sa³⁴ qiek⁵ dak⁵
苏 以 鸡 阿 勒噢 洒 切 搭

比 较 多。
bi³⁴ jiô³⁴ du⁵³
比 基噢 都

30. |你吃零食吗?|

侬 吃 零 食 哦?
nong¹³ qiek⁵ lin¹³ sak⁵ va³¹
农 切 领 撒 哇

31. |女青年爱吃瓜子、话梅……|

女 青 年 欢 喜 吃 瓜 子、
nü¹³ qin⁵³ ni¹³ hoü³⁴ xi³⁴ qiek⁵ gu⁵³ zi³⁴
女 青 昵 呼迁 细 切 咕 自

话 梅……
o¹³ mê¹³
午 梅

32. |从前五香豆很便宜。|

女青年爱吃瓜子、话梅……

老	底	子	五	香	豆	老	噱。
lô¹³	di³⁴	zi³⁴	n¹³	xiang⁵³	deu¹³	lô¹³	jiang¹³
勒噢	低	自	嗯	香	豆	勒噢	奖

33. |我水果吃得非常多。|

我	水	果	吃	勒	吓	多。
ngu¹³	si³⁴	gu³⁴	qiek⁵	lak²³	hak⁵	du⁵³
吾	斯	咕	切	勒	哈	都

34. |一般是吃苹果和橘子。|

一	般	是	吃	苹	果	搭	橘	子。
iek⁵	bê⁵³	si¹³	qiek⁵	bin¹³	gu³⁴	dak⁵	juek⁵	zi³⁴
噎	拨嗳	似	切	丙	咕	搭	决	资

35. |街上的盒饭你吃吗?|

路	朗	向	掰	盒	饭	侬
lu¹³	lang¹³	xiang³⁴	gak²³	ak²³	vê¹³	nong¹³
鲁	郎	向	格	啊	佛嗳	农

吃	哇?
qiek⁵	va⁴⁴
切	哇

36. |我在家里吃午饭、晚饭。|

我	勒	屋	里	吃	中	饭、
ngu¹³	lak²³	ok⁵	li¹³	qiek⁵	zong⁵³	vê¹³
吾	勒	喔	哩	切	宗	佛嗳

夜	饭。
ia¹³	vê¹³
雅	佛嗳

37. |鱼头汤味道非常鲜。|

鱼	头	汤	味	道	邪	气	鲜。
n¹³	deu¹³	tang⁵³	mi¹³	dô¹³	xia¹³	qi³⁴	xi⁵³
嗯	兜	趟	米	得噢	霞	欺	西

38. |来碗素鸡面!|

来	碗	素	鸡	面!
lê¹³	oü³⁴	su³⁴	ji⁵³	mi¹³
勒嗳	喔迁	俗	鸡	密

39. |太淡,洒上点儿盐。|

忒	淡,	洒	点	盐	勒	嗨。
tak⁵	dê¹³	sa³⁴	di³⁴	yi¹³	lak⁵	hê³¹
塌	得嗳	洒	低	以	勒	赫嗳

40. |胡椒粉有吗?|

胡	椒	粉	有	哇?
u¹³	jiô⁵³	fen³⁴	ieu¹³	va⁴⁴
午	基噢	奋	有	哇

41. |平时我主要吃素菜。|

平	常	我	主	要	吃	素
bin¹³	sang¹³	ngu¹³	zi³⁴	iô³⁴	qiek⁵	su³⁴
丙	桑	吾	子	衣噢	切	俗

小	菜。
xiô³⁴	cê³⁴
西噢	刺嗳

42. |尤其喜欢豆制品。|

尤	其	欢	喜	豆	制	品。
ieu¹³	ji¹³	hoü⁵³	xi³⁴	deu¹³	zi³⁴	pin³⁴
有	基	呼迂	细	抖	资	聘

43. |有时吃点儿鱼。|

有	常	时	吃	点	鱼。
ieu¹³	sang¹³	si¹³	qiek⁵	di³⁵	n¹³
有	桑	似	切	低	嗯

44. |偶尔来一碟盐水鸭。|

难	板	来	一	碟	盐	水
nê¹³	bê³⁴	lê¹³	iek⁵	diek²³	yi¹³	si³⁴
讷嗳	拨嗳	勒嗳	噎	碟	以	思

鸭。
ak⁵
阿

45. |饮料么,天天喝龙井茶。|

饮	料	么,	天	天	吃	龙
in³⁴	liô¹³	me	ti⁵³	ti⁵³	qiek⁵	long¹³
吟	离噢	么	梯	替	切	垄

井	茶。
jin³⁴	so¹³
今	素

46. |勿喝可乐。|

勿	吃	可	乐。
vak²³	qiek⁵	ku³⁴	lok²³
瓦	切	苦	咯

47. |最多喝点儿橘子汁。|

顶	多	吃	点	橘	子	汁。
din³⁴	du⁵³	qiek⁵	di³⁴	jiok⁵	zi³⁴	zak⁵
丁	都	切	低	决	资	仄

☞ **上海街坊常用流行语举例**

1. 饭泡粥(vê¹³⁻²² pô³⁴⁻⁵⁵ zok⁵⁻³¹) 饭泡成粥,体积大了,内容却稀释了。所以"饭泡粥"指说话啰唆、重复、没完没了的人。例如:

小	姑	娘	是	只	饭	泡
xiô³⁴⁻³³	gu⁵³⁻⁵⁵	niang¹³⁻³¹	si¹³⁻²²	zak⁵⁻⁴	vê¹³⁻²²	pô³⁴⁻⁵⁵
小	姑	酿	死	匝	危	抛

粥,	一	桩	事	体	讲	勒
zok⁵⁻³¹	yek⁵⁻³	zang⁵³⁻⁴⁴	si¹³⁻²²	ti³⁴⁻⁴⁴	gang³⁴⁻³³	lak²³⁻⁴
作	耶	张	死	梯	港	了

三	四	遍	还	要	讲。
sê⁵³⁻⁵⁵	si³⁴⁻³³	bi³⁴⁻³¹	ê¹³⁻²²	yô³⁴⁻⁵⁵	gang³⁴⁻³¹
腮	四	必	嗳	妖	杠

(小姑娘是个啰唆的人,一件事情说了三四遍还要说。)

2. 盐钵斗(yi¹³⁻²² bak⁵ deu³⁴⁻³¹) 指爱管闲事的人。钵斗是一种陶制盛器。盐钵斗是装盐的钵斗。盐是咸的,"咸"与"闲"谐音,所以有这种说法。该语词多用于中老年女性。例如:

人	家	屋	里	厢	瓣	事
nin¹³⁻²²	ga⁵³⁻⁴⁴	ok⁵⁻³	li¹³⁻⁵⁵	xiang⁵³⁻⁴⁴	gak²¹	si¹³⁻²²
宁	嘎	乌	哩	向	格	死

体,	侬	去	做	啥	盐	钵	斗!
ti³⁴⁻⁴⁴	nong¹³	qi³⁴	zu³⁴	sa³⁴	yi¹³⁻²²	bak⁵	deu³⁴⁻³¹
梯	农	奇	足	洒	以	波	豆

(人家家里的事情,你去管什么闲事!)

六、购 物

1. 我不去菜场买菜。

我	勿	去	小	菜	场	买	菜。
ngu¹³	vak²³	qi³⁴	xiô³⁴	cê³⁴	sang¹³	ma¹³	
吾	瓦	欺	细噢	此嗳	嗓	马	

小　　　菜。
xiô³⁴　cê³⁴
西噢　刺嗳

2. |我去超市买东西。|
我　　去　　超　　市　　买　　物　　事。
ngu¹³　qi³⁴　cô⁵³　si¹³　ma¹³　mak²³　si¹³
吾　　其　　疵噢　似　　马　　抹　　斯

3. |到中百一店去看看。|
到　　中　　百　　一　　店　　去　　看　　看。
dô³⁴　zong⁵³　bak⁵　iek⁵　di¹³　qi³⁴　koü³⁴　koü³⁴
得噢　宗　　把　　噎　　低　　齐　　苦迂　枯迂

4. |你要买什么?|
侬　　　要　　　买　　　啥?
nong¹³　iô³⁴　ma¹³　sa³⁴
农　　　移噢　马　　洒

5. |让我看看。|
让　　　我　　　看　　　看　　　叫。
niang¹³　ngu¹³　koü³⁴　koü³⁴　jiô³⁴
娘　　　吾　　　苦迂　　枯迂　　寄噢

6. |多少钱?|
几　　钿?
ji³⁴　di¹³
集　　低

7. |太贵了。|

到中百一店去看看。

忒　贵　勒。
tak⁵　ju³⁴　lak⁴
塌　局　勒

8. 便宜点儿！

讲 点!
jiang¹³ di³⁴
讲 低

9. |质量怎样?|

质 量 哪 能?
zak⁵ liang¹³ na¹³ nen¹³
仄 良 哪 能

10. |东西好极了,没话说了!|

货 色 乓 乓 响, 呒 没
hu³⁴ sak⁵ pang⁵³ pang⁵³ xiang³⁴ m¹³ mak²³
胡 撒 乓 乓 向, 呒 摸

闲 话 讲 勒!
ê¹³ o¹³ gang³⁴ lak⁴
嗳 喔 港 勒

11. |有问题,包换!|

有 问 题, 包 换!
ieu¹³ ven¹³ di¹³ bô⁵³ oü³⁴
有 吻 低 拨噢 乌迂

12. |我们实行三包!|

阿 拉 实 行 三 包!
a³³ la⁴⁴ sak²³ in¹³ sê⁵³ bô⁵³
阿 拉 洒 应 斯嗳 拨噢

13. |要多少?|

要 几 化? (多 少)
iô³⁴ ji³⁴ ho³⁴ (du⁵³ sô³⁴)
移噢 集 合喔 (都 四噢)

14. |卖完了。|

卖	光	勒。
ma¹³	guang⁵³	lak²³
马	光	了

15. |一看就知道是冒牌货。|

一	看	就	晓	得	是	大
iek⁵	koü³⁴	jieu¹³	xiô³⁴	dak⁵	si¹³	da¹³
噎	苦于	酒	细噢	搭	似	打

兴	货。
xin⁵³	hu³⁴
辛	户

16. |这些挑剩下来的东西谁要啊?|

哀	点	落	脚	货	啥	人	要	啊?
ê⁵³	di³⁴	lok²³	jiek⁵	hu³⁴	sa³⁴	nin¹³	iô³⁴	a⁴⁴
嗳	帝	落	接	呼	洒	宁	移噢	啊

17. |给我挑一个好些的。|

拨	我	拣	只	好	点	搿。
bak⁵	ngu¹³	gê³⁴	zak⁵	hô³⁴	di³⁴	gak²¹
八	吾	哥嗳	扎	合噢	低	格

18. |这件衬衫很好。|

件	衬	衫	蛮	好。
ji¹³	cen³⁴	sê⁵³	mê⁵³	hô³⁴
几	岑	斯嗳	摸嗳	合噢

19. |颜色太鲜艳了。|

颜	色	忒	鲜	勒。
ngê¹³	sak⁵	tak⁵	xi⁵³	lak²¹
嗳	撒	塌	西	了

20. |大土气。|

忒	乡	气。
tak⁵	xiang⁵³	qi³⁴
塌	乡	气

21. |我想定做。|

我	想	定	做。
ngu¹³	xiang³⁴	din¹³	zu³⁴
吾	祥	顶	租

22. |买三块肥皂。|

买	三	块	肥	皂。
ma¹³	sê⁵³	kuê³⁴	bi¹³	sô¹³
马	斯嗳	苦嗳	比	斯噢

23. |毛线多少钱一斤?|

绒	线	几	钿	一	斤?
niong¹³	xi³⁴	ji³⁴	di¹³	iek⁵	jin⁵³
尼永	西	集	低	噎	今

24. |处理品可以便宜些。|

处	理	品	可	以	嗰	点。
ci³⁴	li¹³	pin³⁴	ku³⁴	yi¹³	jiang¹³	di³⁴
次	哩	聘	苦	衣	讲	低

25. |份量足吗?|

份	量	足	哇?
ven^{13}	liang^{13}	zok^5	va^{44}
吻	量	兹喔	哇

26. |做工太差。|

做	工	忒	摊	板。
zu^{34}	gong^{53}	tak^5	tê^{53}	bê^{34}
足	工	塌	特嗳	勃嗳

27. |价钱好商量。|

价	钿	好	商	量。
ga^{34}	di^{13}	hô^{34}	sang^{53}	liang^{13}
噶	低	合噢	桑	亮

28. |我们送货上门。|

阿	拉	送	货	上	门。
a^{33}	la^{44}	song^{34}	hu^{34}	sang^{13}	men^{13}
阿	拉	耸	呼	嗓	门

29. |免费安装。|

免	费	安	装。
mi^{13}	fi^{34}	oü^{53}	zang^{53}
米	佛衣	喔迂	葬

30. |不要买得太多。|

勿	要	买	勒	忒	多。
vak^{23}	iô^{34}	ma^{13}	lak^{23}	tak^5	du^{53}
瓦	移噢	马	勒	塌	都

31. |注意保质期。|

注 意 保 质 期。
zi³⁴ yi³⁴ bô³⁴ zak⁵ ji¹³
子 衣 勃噢 匝 记

32. |包扎得紧些!|

包 扎 勒 紧 点!
bô⁵³ zak⁵ lak²³ jin³⁴ di³⁴
拨噢 扎 勒 紧 低

33. |怕半路上散开。|

怕 半 路 朗 散 开。
po³⁴ boü³⁴ lu¹³ lang¹³ sê³⁴ kê⁵³
蒲 补迁 噜 浪 斯嗳 克嗳

34. |你们服务态度不错。|

㑚 服 务 态 度 勿 错。
na¹³ vok²³ vu¹³ tê³⁴ du¹³ vak²³ cu³⁴
哪 佛 乌 特嗳 都 瓦 粗

35. |我们不做一次性买卖。|

阿 拉 勿 做 一 枪 头
a³³ la⁴⁴ vak²³ zu³⁴ iek⁵ qiang⁵³ deu¹³
阿 拉 瓦 租 嘻 枪 豆

生 意。
sang⁵³ yi³⁴
桑 意

36. |做买卖靠有回头客。|

做 生 意 靠 有 回 头 客。
zu³⁴ sang⁵³ yi³⁴ kô³⁴ ieu¹³ uê¹³ deu¹³ kak⁵
足 桑 意 克噢 有 伟 兜 咔

你们服务态度不错。

37. |今天我买到了实惠。|

今	朝	我	买	到	勒	实	惠。
jin⁵³	zô⁵³	ngu¹³	ma¹³	dô³⁴	lak̠²³	sak̠²³	uê¹³
今	兹噢	吾	马	得噢	勒	洒	围

38. |便宜也有好货。|

便	宜	阿	有	好	货。
bi¹³	ni¹³	a¹³	ieu¹³	hô³⁴	hu³⁴
比	尼	阿	有	合噢	呼

39. |找你的钱,请拿好。|

找	头	请	拿	好。
zô³⁴	deu¹³	qin³⁴	nê⁵³	hô³⁴
子噢	兜	情	讷嗳	合噢

☞ 上海街坊常用流行语举例

1. 翘边(qiô³⁴⁻³³ bi⁵³⁻⁴⁴) 指在旁边暗中帮腔。搞翘边活动的人被称作"翘边模子"(qiô³⁴⁻³³ bi⁵³⁻⁵⁵ mo¹³⁻³³ zi³⁴⁻³¹)。例如:

店	门	口	几	瓣	女
di³⁴⁻³³	men¹³⁻⁵⁵	keu³⁴⁻³¹	ji³⁴⁻³³	gak²³⁻⁴	nü¹³⁻²²
笛	门	扣	几	格	女

瓣	是	搭	子,	伊	拉	穷
gak²³⁻⁴	si¹³	dak⁵⁻³	zi³⁴⁻⁴⁴	yi¹³⁻³³	la⁴⁴	jiong¹³⁻²²
格	死	达	资	以	拉	窘

喊	"噱",	是	勒	翘	边。
hê³⁴⁻⁴⁴	jiang³⁴	si¹³	lak²³	qiô³⁴⁻³³	bi⁵³⁻⁴⁴
黑	讲	死	了	翘	逼

(店门口几个女的是搭档,她们大叫"便宜",是在暗中帮着拉生意。)

2. 打底脚(dang³⁴ di³⁴⁻³³ jiek⁵⁻⁴) 指在包水果时,先在袋底放进硬纸片或变质的烂水果,上面再放几个好水果。商家以此手段欺骗顾客,赚取不义之财。包好的水果袋叫"炸药包",因为一打开,看到的是"炸烂"的水果或杂物。例如:

瓣	点	落	脚	货	正	好
gak²³⁻¹	di³⁴⁻²³	lok²³⁻¹	jiek⁵⁻²	hu³⁴⁻²³	zen³⁴⁻³³	hô³⁴⁻⁴⁴
舸	低	裸	姐	呼	赠	耗

用	来	打	底	脚。
yong¹³⁻²²	lê¹³⁻⁴⁴	dang³⁴	di³⁴⁻³³	jiek⁵⁻⁴
永	来	党	笛	接

(这点儿剩货正好用来垫袋底。)

七、请 求

1. |一切拜托!|

一	切	拜	托!
iek⁵	qiek⁵	ba³⁴	tok⁵
噎	切	拔	托

2. |麻烦你!|

麻	烦	侬!
mo¹³	vê¹³	nong¹³
母	佛嗳	农

3. |不好意思跟你说……|

勿	好	意	思	搭	侬	讲……
vak²³	hô³⁴	yi³⁴	si⁵³	dak⁵	nong¹³	gang³⁴
瓦	合噢	衣	四	搭	农	港

4. |想托你一件事。|

想	托	侬	一	桩	事	体。
xiang³⁴	tok⁵	nong¹³	iek⁵	zang⁵³	si¹³	ti³⁴
祥	托	农	噎	赃	死	梯

5. |耽误你的工夫。|

耽	误	侬	辦	工	夫。
dê⁵³	u¹³	nong¹³	gak²³	gong⁵³	fu⁵³
得嗳	误	农	格	工	副

6. |有什么事只管说好了!|

有	啥	事	体	只	管	讲
ieu¹³	sa³⁴	si¹³	ti³⁴	zak⁵	goü³⁴	gang³⁴
有	洒	死	梯	则	咕迁	港

好	勒!
hô³⁴	lak²¹
合噢	了

7. |没关系。|

勿	搭	界。
vak²³	dak⁵	ga³⁴
瓦	搭	嘎

8. |我知道你很够朋友。|

我	晓	得	侬	老	上	路。
ngu¹³	xiô³⁴	dak⁵	nong¹³	lô¹³	sang¹³	lu¹³
吾	细噢	搭	农	勒噢	嗓	鲁

9. |借给我。|

借	拨	我。
jia³⁴	bak⁵	ngu¹³
荚	拨	吾

10. |请交给他。|

请	交	拨	伊。
qin³⁴	gô⁵³	bak⁵	yi¹³
情	格噢	拨	意

11. |不要跟人家说。|

你不要跟人家说。

勿	要	搭	人	家	讲。
vak²³	iô³⁴	dak⁵	nin¹³	ga⁵³	gang³⁴
瓦	移噢	搭	宁	旮	港

12. 你装作不知道好了。

侬	装	做	勿	晓	得	好	勒。
nong¹³	zang⁵³	zu³⁴	vak²³	xiô³⁴	dak⁵	hô³⁴	lak²¹
农	张	祖	瓦	细噢	搭	合噢	了

13. |看我的面子。|

看	我	孨	面	子。
koü³⁴	ngu¹³	gak²³	mi¹³	zi³⁴
苦迂	吾	格	米	资

14. |代我去说说。|

代	我	去	讲	讲。
dê¹³	ngu¹³	qi³⁴	gang³⁴	gang³⁴
得嗳	吾	齐	港	刚

15. |别忘了。|

勿	要	忘	记	脱。
vak²³	iô³⁴	mang¹³	ji³⁴	tak⁵
瓦	移噢	莽	基	榻

16. |一定啊!|

一	定	噢!
iek⁵	din¹³	ô³¹
噎	丁	噢

17. |请他们审批得快点儿。|

请	伊	拉	审	批	勒	快	点。
qin³⁴	yi¹³	la⁵³	sen³⁴	pi⁵³	lak²¹	kua³⁴	di³⁴
情	以	拉	森	批	勒	垮	低

18. |替我美言几句。|

替	我	吹	两	句。
ti³⁴	ngu¹³	ci⁵³	liang¹³	ju³⁴
替	吾	疵	亮	句

19. |就说我目前很困难。|

就	讲	我	目	前	老	困	难。
jieu	gang³⁴	ngu¹³	mok²³	xi¹³	lô¹³	kuen³⁴	nê¹³
酒	港	吾	膜	西	勒噢	捆	讷嗳

20. |请他们照顾照顾。|

请	伊	拉	照	顾	照	顾
qin³⁴	yi¹³	la⁵³	zô³⁴	gu³⁴	zô³⁴	gu³⁴
情	以	拉	兹噢	顾	兹噢	顾

21. |特事特办好吗?|

特	事	特	办	好	哇?
dak²³	si¹³	dak²³	bê¹³	hô³⁴	va⁴⁴
打	斯	打	跛嗳	合噢	哇

22. |你放心吧。|

侬	放	心	好	唻。
nong¹³	fang³⁴	xin⁵³	hô³⁴	lê¹³
农	房	心	合噢	勒嗳

23. |这件事交给我了。|

哀	桩	事	体	交	拨	我	勒。
ê⁵³	zang⁵³	si¹³	ti³⁴	gô⁵³	bak⁵	ngu¹³	lak²¹
嗳	藏	死	梯	格噢	巴	吾	了

24. |请你转告他们。|

请	侬	转	告	伊	拉。
qin³⁴	nong¹³	zoü³⁴	gô³⁴	yi¹³	la⁵³
情	农	足迁	格噢	以	拉

25. |打听一下他们用人吗?|

打	听	一	下	伊	拉	用
dang³⁴	tin⁵³	iek⁵	xia³⁴	yi¹³	la⁵³	iong¹³
挡	听	噎	下	以	拉	永

人	哇?
nin¹³	va⁴⁴
拧	哇

26. |我会木工活儿。|

我	会	木	工	生	活。
ngu¹³	uê¹³	mok²³	gong⁵³	sang⁵³	uok²³
吾	伟	膜	工	桑	沃

27. |我是泥水匠。|

我	是	泥	水	匠。
ngu¹³	si¹³	ni¹³	si³⁴	xiang¹³
吾	似	尼	斯	象

28. |我会烧广东菜。|

我	会	得	烧	广	东	菜。
ngu¹³	uê¹³	dak⁵	sô⁵³	guang³⁴	dong⁵³	cê³⁴
吾	伟	搭	斯噢	广	东	此嗳

29. |我可以做保姆。|

我	可	以	做	保	姆。
ngu¹³	ku³⁴	yi¹³	zu³⁴	bô³⁴	mu¹³
吾	苦	衣	足	拨噢	母

30. |清洁工活儿也行。|

清	洁	工	生	活	阿	来	事。
qin⁵³	jiek⁵	gong⁵³	sang⁵³	uok²³	a¹³	lê¹³	si¹³
清	接	工	桑	沃	阿	勒嗳	斯

31. |工资多少好商量。|

工	资	多	少	好	商	量。
gong⁵³	zi⁵³	du⁵³	sô³⁴	hô³⁴	sang⁵³	liang¹³
工	自	都	斯噢	合噢	桑	亮

32. |请你帮忙。|

请	侬	帮	忙。
qin³⁴	nong¹³	bang⁵³	mang¹³
情	农	帮	莽

33. |我有数了。|

我	有	数	勒。
ngu¹³	ieu¹³	su³⁴	lak²¹
吾	有	苏	了

34. |我不会忘记你的。|

我	勿	会	忘	记	侬	搿。
ngu¹³	vak²³	uê¹³	mang¹³	ji³⁴	nong¹³	gak²¹
吾	瓦	威	莽	基	农	格

35. |你放心等着。|

侬	放	心	等	勒	嗨。
nong¹³	fang³⁴	xin⁵³	den³⁴	lak⁴	hê³⁴
农	房	心	等	勒	贺嗳

36. |干活儿我一定卖力。|

做	生	活	我	一	定	卖	力。
zu³⁴	sang⁵³	uok²³	ngu¹³	iek⁵	din¹³	ma¹³	liek²³
足	桑	沃	吾	噎	丁	马	咧

我不会忘记你的。

☞ 上海街坊常用流行语举例

1. 拉台面（la^{53}dê$^{13-22}$mi$^{13-44}$） 指设宴。多隐指为拉关系帮自己解决问题而设宴请客。例如：

侬	拉	只	台	面，	拿	几
nong^{13}	la$^{53-55}$	zak$^{5-31}$	dê$^{13-22}$	mi$^{13-44}$	no^{13}	ji$^{34-33}$
农	拉	则	歹	咪	努	几

方	面	掰	人	侪	请	来,
fang⁵³⁻⁵⁵	mi¹³⁻³¹	gak²¹	nin¹³	sê¹³	qin³⁴⁻³³	lê¹³⁻⁴⁴
方	密	个	宁	赛	请	来

事	体	就	好	办	勒。
si¹³⁻²²	ti³⁴⁻⁴⁴	jieu¹³	hô³⁴⁻³³	bê¹³⁻⁴⁴	lak²¹
死	梯	久	好	白	了

（你办个酒席，把几方面的人都请来，事情就好办了。）

2. 吃老公（qiek⁵ lô¹³⁻²² gong⁵³⁻⁴⁴） 指吃公家的。即指以某种手段把公家的资源（资金、资产）变成自己的私产。也可表示公款私用。例如：

伊	为	啥	分	介	挺	啦?
yi¹³	wê¹³⁻²²	sa³⁴⁻⁴⁴	fen⁵³	ga⁵³	tin³⁴	la⁵³
以	伟	撒	分	嘎	廷	拉

吃	老	公	吃	来	掰	呀!
qiek⁵	lô¹³⁻²²	gong⁵³⁻⁴⁴	qiek⁵⁻³	lê¹³⁻⁴⁴	gak²¹	ya³¹
切	老	公	切	来	格	呀

（他为什么钱那么多呢？吃公家的吃来的呀！）

八、疾　病

1. |我挂号。|

我	挂	号。
ngu¹³	go³⁴	ô¹³
吾	格噢	噢

2. |挂哪一科?|

挂	阿	里	一	科。
go³⁴	a¹³	li¹³	iek⁵	ku⁵³
格噢	阿	哩	噎	枯

3. |内科。|

    内　　科。
    nê¹³　ku⁵³
    馁　　枯

4. |你哪儿不舒服?|

    侬　　阿　　里　　搭　　勿　　适　　意?
    nong¹³　a¹³　li¹³　dak⁵　vak²³　sak⁵　yi³⁴
    农　　阿　　哩　　瘩　　瓦　　撒　　意

5. |我胃病犯了。|

    我　　胃　　病　　发　　勒。
    ngu¹³　uê¹³　bin¹³　fak⁵　lak⁴
    吾　　伟　　兵　　发　　勒

6. |我浑身发冷。|

    我　　浑　　身　　发　　冷。
    ngu¹³　uen¹³　sen⁵³　fak⁵　lang¹³
    吾　　吻　　森　　发　　朗

7. |先量一下体温。|

    先　　量　　一　　量　　体　　温。
    xi⁵³　liang¹³　iek⁵　liang¹³　ti³⁴　uen⁵³
    西　　两　　噎　　亮　　提　　温

8. |有五分热度。|

    有　　五　　分　　热　　度。
    ieu¹³　n¹³　fen⁵³　niek²³　du¹³
    有　　嗯　　分　　聂　　都

9. |你发烧了。|

侬	发	寒	热	勒。
nong¹³	fak⁵	oü¹³	niek²³	lak²¹
农	发	喔迂	捏	了

10. |舌头伸出来给我看看。|

舌	头	伸	出	来	拨	我
sak²³	deu¹³	sen⁵³	cak⁵	lê¹³	bak⁵	ngu¹³
洒	兜	森	擦	勒嗳	拨	吾

看	看。
koü³⁴	koü³⁴
苦迂	枯迂

11. |衣裳解开,让我听听。|

衣	裳	解	开,	让	我	听	听。
yi⁵³	sang¹³	ga³⁴	kê⁵³	niang¹³	ngu¹³	tin⁵³	tin⁵³
衣	嗓	噶	克嗳	酿	吾	听	挺

12. |去验一下血。|

去	验	一	验	血。
qi³⁴	ni¹³	iek⁵	ni¹³	xiok⁵
齐	你	噎	逆	薛

13. |做一个心电图。|

做	一	只	心	电	图。
zu³⁴	iek⁵	zak⁵	xin⁵³	di¹³	du¹³
足	噎	扎	心	底	杜

14. |可能是肠炎。|

可	能	是	肠	炎。
ku³⁴	nen¹³	si¹³	sang¹³	yi¹³
苦	能	似	嗓	衣

15. |你要住院检查。|

侬	要	住	院	检	查。
nong^{13}	iô^{34}	si^{13}	ü^{13}	ji^{34}	so^{13}
农	移噢	死	雨	集	苏

16. |我感冒了。|

我	感	冒	勒。
ngu^{13}	goü^{34}	mô^{13}	lak^{21}
吾	古迂	摸噢	了

17. |吃点儿药。|

吃	点	药。
qiek^{5}	di^{34}	iek^{23}
切	低	野

18. |怎么样？好些了吗？|

哪	能?	好	点	勒	哦?
na^{13}	nen^{13}	hô^{34}	di^{34}	lak^{21}	va^{31}
哪	能	合噢	低	勒	哇

19. |好多了,烧退了……|

好	交	关	勒,	寒	热
hô^{34}	jiô^{53}	guê^{53}	lak^{21}	oü^{13}	niek^{23}
合噢	基噢	贵	了	吴迂	捏

退	勒……
tê^{34}	lak^{21}
特嗳	了

20. |肚子不痛了。|

肚	皮	勿	痛	勒。
du¹³	bi¹³	vak²³	tong³⁴	lak²¹
堵	逼	瓦	通	了

21. |当初真受不了。|

当	初	真	吃	勿	消。
dang⁵³	cu⁵³	zen⁵³	qiek⁵	vak²³	xiô⁵³
当	醋	增	切	挖	细噢

22. |现在好吃东西了。|

现	在	好	吃	物	事	勒。
yi¹³	sê¹³	hô³⁴	qiek⁵	mak²³	si¹³	lak²¹
以	斯嗳	合噢	切	马	斯	了

23. |我带来点儿苹果。|

我	带	来	点	苹	果。
ngu¹³	da³⁴	lê¹³	di³⁴	bin¹³	gu³⁴
吾	达	勒嗳	帝	丙	咕

24. |怎么好让你破费……|

哪	能	好	让	侬	破	费……
na¹³	nen¹³	hô³⁴	niang¹³	nong¹³	pu³⁴	fi³⁴
哪	能	合噢	酿	农	蒲	佛衣

25. |一点儿水果算什么!|

一	点	点	水	果	算	点	啥!
iek⁵	di³⁴	di³⁴	si³⁴	gu³⁴	soü³⁴	di³⁴	sa³⁴
噎	低	帝	四	咕	俗迁	低	洒

26. |苹果对肠胃有好处。|

苹果对肠胃有好处。

苹	果	对	肠	胃	有	好	处。
bin¹³	gu³⁴	dê³⁴	sang¹³	uê¹³	ieu¹³	hô³⁴	ci³⁴
丙	咕	得嗳	嗓	威	有	合噢	疵

27. 菜应吃得清淡些。

小	菜	应	当	吃	勒	清
xiô³⁴	cê³⁴	in⁵³	dang⁵³	qiek⁵	lak⁴	qin⁵³
细噢	此嗳	此嗳	应档	切	勒	清

淡 点。
dê¹³ di³⁴
得嗳 帝

28. |这几天我吃粥。|

觊	两	天	我	吃	粥。
gak²³	liang¹³	ti⁵³	ngu¹³	qiek⁵	zok⁵
格	两	梯	吾	切	嘬

29. |吃点儿酱瓜。|

吃	点	酱	瓜。
qiek⁵	di³⁴	jiang³⁴	go⁵³
切	低	奖	咕

30. |营养也要注意。|

营	养	阿	要	注	意。
in¹³	iang¹³	a¹³	iô³⁴	zi³⁴	yi³⁴
引	央	阿	衣噢	紫	衣

31. |我还带来点儿肉松、皮蛋。|

我	还	带	来	点	肉	松、
ngu¹³	ê¹³	da³⁴	lê¹³	di³⁴	niok²³	song⁵³
吾	嗳	达	勒嗳	帝	尼喔	松

皮	蛋。
bi¹³	dê¹³
比	得嗳

32. |回去后要调理一下。|

转	去	后	要	调	理	一	下。
zoü³⁴	qi³⁴	eu¹³	iô³⁴	diô¹³	li¹³	iek⁵	xia³⁴
祖迁	欺	呕	移噢	底噢	哩	噎	下

33. |祝你早日恢复健康。|

祝	侬	早	点	恢	复	健	康。
zok^5	nong^{13}	zô^{34}	di^{34}	huê^{53}	fok^5	ji^{13}	kang^{53}
嘱	农	子噢	低	恢	佛	几	康

34. |出院时我们来接你。|

出	院	辖	辰	光	阿	拉	来
cak^5	ü^{13}	gak^{23}	sen^{13}	guang^{53}	a^{33}	la^{44}	lê^{13}
策	雨	格	森	光	阿	拉	勒嗳

接	侬。
jiek^5	nong^{13}
结	农

☞ 上海街坊常用流行语举例

1. 殟塞（wak$^{5-3}$ sak$^{5-4}$） 指由懊恼悔恨而引起的心情不舒畅,郁闷。例如：

小	四	子	借	勒	伊	一
xiô$^{34-33}$	si$^{34-55}$	zi$^{34-31}$	jia$^{34-33}$	lak$^{23-5}$	yi$^{13-31}$	yek$^{5-3}$
小	思	自	贾	勒	义	耶

大	笔	钞	票，	一	直
du$^{13-55}$	biek$^{5-31}$	co$^{53-33}$	piô$^{34-44}$	yek$^{5-3}$	sak$^{23-4}$
都	别	草	飘	耶	撒

勿	还，	伊	又	勿	好	意
vak$^{23-1}$	wê$^{13-23}$	yi^{13}	yeu^{13}	vak$^{23-1}$	hô$^{34-23}$	yi$^{34-55}$
瓦	为	以	有	瓦	耗	衣

思	去	讨，	心	里	殟	塞
si$^{53-31}$	qi^{34}	tô^{34}	xin$^{53-55}$	li$^{13-31}$	wak$^{5-3}$	sak$^{5-4}$
四	其	桃	心	利	娃	撒

勒	勿	得	了。
lak²¹	vak²³⁻²	dak⁵	liô¹³
勒	瓦	得	了

(小四子借了他一大笔钱,一直不还,他又不好意思去讨,心里郁闷得不得了。)

2. 吃药(qiek⁵yak²³) 喻指难堪、吃苦头。例如:

讲	好	㾾	事	体,	我	拿
gang³⁴⁻³³	hô³⁴⁻⁴⁴	gak²¹	si¹³⁻²²	ti³⁴⁻⁴⁴	ngu¹³	nê⁵³
港	耗	个	死	梯	吾	耐

人	叫	来	勒,	侬	又	喇
nin¹³	jiô³⁴⁻³³	lê¹³⁻⁴⁴	lak²¹	nong¹³	yeu¹³	la¹³⁻²²
拧	叫	来	勒	农	有	喇

叭	腔	勒,	勿	是	拨
ba⁵³⁻⁵⁵	qiang⁵³⁻³¹	lak²¹	vak²³⁻¹	si¹³⁻²³	bak⁵⁻³
巴	跄	勒	瓦	死	拨

我	吃	药	么!
ngu¹³⁻⁴⁴	qiek⁵	yak²³	mak²¹
吾	切	雅	么

(讲定的事,我把人叫来了,你又不落实了,不是给我难堪么!)

九、起 居

(一) 学习

1. |我每天早上五点起床。|

我	每	天	早	朗	向	五	点
ngu¹³	mê³⁴	ti⁵³	zô³⁴	lang¹³	xiang³⁴	n¹³	di³⁴
吾	梅	替	子噢	啷	向	嗯	低

起　　　床。
qi³⁴　sang¹³
奇　　　嗓

2. |刷牙、洗脸、煮早饭。|

刷　　牙齿、　揩　　面、　烧　　早　　饭。
sak⁵　nga¹³　ci³⁴　ka⁵³　mi¹³　sô⁵³　zô³⁴　vê¹³
撒　　啊疵　　喀　　米　　斯噢　子噢　佛嗳

3. |孩子七点钟去学校。|

小　　囡　　七　　点　　钟　　去　　学　　堂。
xiô³⁴　noü¹³　qiek⁵　di³⁴　zong⁵³　qi³⁴　ok²³　dang¹³
细噢　奴于　切　　低　　纵　　奇　　喔　　当

4. |我七点以前出门。|

我　　七　　　点　　以　　前　　出　　门。
ngu¹³　qiek⁵　di³⁴　yi¹³　xi¹³　cak⁵　men¹³
吾　　切　　低　　以　　洗　　擦　　门

5. |坐半小时车去上班。|

乘　　半　　豁　　钟　　头　　车　　子　　去
cen³⁴　boü³⁴　gak²³　zong⁵³　deu¹³　co⁵³　zi³⁴　qi³⁴
层　　补迁　格　　宗　　豆　　粗　　自　　奇

上　　　班。
sang¹³　bê⁵³
嗓　　　拨嗳

6. |午饭在厂里吃。|

中　　饭　　勒　　厂　　里　　吃。
zong⁵⁴　vê¹³　lak²³　cang³⁴　li¹³　qiek⁵
宗　　佛嗳　勒　　藏　　哩　　切

7. |晚上去夜大。|

夜	里	去	上	夜	大。
ia¹³	li¹³	qi³⁴	sang¹³	ia¹³	da¹³
雅	哩	其	嗓	雅	搭

8. |现在不"充电"不行了。|

现	在	勿	"充	电"	勿	来
yi¹³	sê¹³	vak²³	cong⁵³	di¹³	vak²³	lê¹³
以	斯嗳	瓦	聪	底	瓦	勒嗳

事	勒。
si¹³	lak²¹
似	了

9. |我学会计专业。|

我	学	会	计	专	业。
ngu¹³	ok²³	guê³⁴	ji³⁴	zoü⁵³	niek²³
吾	喔	桂	基	租迁	聂

10. |两年后可以拿到大专文凭。|

两	年	后	好	拿	到	大
liang¹³	ni¹³	eu¹³	hô³⁴	nê⁵³	dô³⁴	da¹³
两	尼	呕	合噢	讷嗳	得噢	打

专	文	凭。
zoü⁵³	uen¹³	bin¹³
租迁	吻	兵

11. |以后再升本科。|

以	后	再	升	本	科。
yi¹³	eu¹³	zê⁵³	sen⁵³	ben³⁴	ku⁵³
以	呕	兹嗳	森	本	枯

12. |将来跳槽去做会计。|
    将　　来　　跳　　槽　　去　　做　　会　　计。
    jiang⁵³　lê¹³　tiô³⁴　sô¹³　qi³⁴　zu³⁴　guê³⁴　ji³⁴
    将　　勒嗳　提噢　斯噢　其　　足　　桂　　基
    ("会计"的"会"两读：guê 桂/kuê 愧)

13. |当然要进大公司。|
    当　　然　　要　　进　　大　　公　　司。
    dang³⁴　soü¹³　iô³⁴　jin³⁴　du¹³　gong⁵³　si⁵³
    当　　俗迁　移噢　进　　赌　　公　　四

14. |现在知识吃香了。|
    现　　在　　知　　识　　吃　　香　　勒。
    yi¹³　sê¹³　zi⁵³　sak⁵　qiek⁵　xiang⁵³　lak²¹
    以　　斯嗳　资　　色　　切　　香　　了

15. |自己要求不高不行。|
    自　　家　　要　　求　　勿　　高　　勿
    si¹³　ga⁵³　iô³⁴　jieu¹³　vak²³　gô⁵³　vak²³
    似　　旮　　移噢　旧　　瓦　　格噢　瓦
    来　　事。
    lê¹³　si¹³
    勒嗳　似

16. |连孩子都教育不好。|
    连　　小　　囡　　都　　教　　育　　勿
    li¹³　xiô³⁴　noü¹³　du⁵³　jiô³⁴　iok²³　vak²³
    里　　细噢　奴于　都　　基噢　约　　瓦
    好。
    hô³⁴
    合噢

17. |功课很多。|

功	课	老	多。
gong⁵³	ku³⁴	lô¹³	du⁵³
功	库	勒噢	都

18. |每天晚上做到十点多。|

每	天	夜	里	做	到	十	点	多。
mê³⁴	ti⁵³	ia¹³	li¹³	zu³⁴	dô³⁴	sak²³	di³⁴	du⁵³
梅	梯	雅	哩	足	得噢	洒	底	都

19. |不过生活过得很充实。|

不	过	生	活	过	勒	老	充	实。
bak⁵	gu³⁴	sen⁵³	uok²³	gu³⁴	lak⁴	lô¹³	cong⁵³	sak²³
巴	咕	森	沃	古	勒	勒噢	聪	色

20. |人也不感到累。|

人	阿	勿	觉	着	吃	力。
nin¹³	a¹³	vak²³	gok⁵	sak²³	qiek⁵	liek²³
宁	啊	瓦	郭	洒	切	咧

21. |两天洗一次澡。|

两	天	汏	一	趟	浴。
liang¹³	ti⁵³	da¹³	iek⁵	tang³⁴	iok²³
两	梯	打	噎	汤	月

22. |我喜欢淋浴。|

我　　欢　　喜　　淋　　浴。
ngu¹³　hoü⁵³　xi³⁴　lin¹³　iok²³
吾．　呼迂　细．　领．　约。

23. |家里有煤气热水器。|
屋　　里　　有　　煤　　气　　热　　水　　器。
ok⁵　li¹³　ieu¹³　mê¹³　qi³⁴　niek²³　si³⁴　qi³⁴
喔．　哩．　有．　美．　欺　聂．　四．　欺

24. |生活节奏很紧。|
生　　活　　节　　奏　　老　　紧。
sen⁵³　uok²³　jiek⁵　zeu³⁴　lô¹³　jin³⁴
森　沃．．　节　邹．　勒噢　紧

25. |一家人都这样。|
一　　家　　门　　全(侪)　　搿　　能。
iek⁵　ga⁵³　men¹³　sê¹³　gak²³　nen¹³
嚖．　旮　孟．　似嗳　格．　能．

26. |我老婆也鼓励我。|
我　　老　　婆　　阿　　鼓　　励　　我。
ngu¹³　lô¹³　bu¹³　a¹³　gu³⁴　li¹³　ngu¹³
吾．　勒噢　逋．　啊．　鼓　哩．　吾．

27. |她很会安排。|
伊　　邪　　气　　会　　安　　排。
yi¹³　sia¹³　qi³⁴　uê¹³　oü　ba¹³
以．　霞．　欺　伟．　喔迂　罢．

28. |日子过得不错。|

日	脚	过	得	勿	错。
niek²³	jiek⁵	gu³⁴	dak⁵	vak²³	cu³⁴
聂	接	古	得	瓦	粗

(二) 储蓄

1. |钱存在工商银行。|

钞	票	园	勒	工	商	银	行。
cô⁵³	piô³⁴	kang³⁴	lak⁴	gong⁵³	sang⁵³	nin¹³	ang¹³
疵噢	皮噢	扛	勒	工	嗓	宁	肮

2. |活期还是定期?|

活	期	还	是	定	期?
uok²³	ji¹³	ê¹³	si¹³	din¹³	ji¹³
沃	基	嗳	斯	顶	基

3. |利息多少?|

利	息	几	化?
li¹³	xiek⁵	ji³⁴	ho³⁴
里	歇	集	呼

4. |一千美金可换多少人民币?|

一	千	美	金	好	换	多	少
iek⁵	qi⁵³	mê⁵³	jin⁵³	hô³⁴	oü¹³	du⁵³	sô³⁴
噎	欺	梅	金	合噢	午迂	都	四噢

人	民	币?
sen¹³	min¹³	bi¹³
森	民	币

5. |我用日币换美金。|

我	用	日	币	掉	美	金。
ngu¹³	iong¹³	sak²³	bi¹³	diô¹³	mê³⁴	jin⁵³
吾	永	洒	逼	底噢	梅	金

6. |我要取点儿钱。|

我	要	拿	点	钞	票	出
ngu¹³	iô³⁴	nê⁵³	di³⁴	cô³⁴	piô³⁴	cak⁵
吾	移噢	讷嗳	低	此噢	皮噢	测

来。
lê¹³
勒嗳

7. |取款单已经填好。|

取	款	单	已	经	填	好。
qu³⁴	koü³⁴	dê⁵³	yi³⁴	jin⁵³	di¹³	hô³⁴
渠	枯迁	得嗳	衣	进	底	合噢

8. |这是存折。|

搿	是	存	折。
gak²³	si¹³	sen¹³	zak⁵
格	死	森	扎

9. |"自动取款机"怎么用?|

"自	动	取	款	机"	哪	能
si¹³	dong¹³	qu³⁴	koü³⁴	ji⁵³	na¹³	nen¹³
死	东	渠	枯迁	记	哪	能

用	法?
iong¹³	fak⁵
永	发

10. |请把钱点一下。|

请	拿	钞	票	点	一	点。
qin³⁴	nê⁵³	cô³⁴	piô³⁴	di³⁴	iek⁵	di³⁴
情	讷嗳	此噢	皮噢	敌	噎	帝

11. |请问怎么办贷款手续?|

请	问	哪	能	办	贷	款
qin³⁴	men¹³	na¹³	nen¹³	bê¹³	dê¹³	koü³⁴
情	扪	哪	能	博嗳	得嗳	枯迂

手	续?
seu³⁴	sok²³
叟	缩

12. |申请公积金购房贷款。|

申	请	公	积	金	购	房
sen⁵³	qin³⁴	gong⁵³	jiek⁵	jin⁵³	geu³⁴	vang¹³
森	庆	公	借	进	苟	方

贷	款。
dê¹³	koü³⁴
得嗳	枯迂

13. |按揭贷款。|

按	揭	贷	款。
oü³⁴	jiek⁵	dê¹³	koü³⁴
乌迂	借	得嗳	枯迂

14. |助学贷款。|

助	学	贷	款。
su¹³	iek²³	dê¹³	koü³⁴
素	噎	得嗳	枯迂

15. |买了房子可以办上海蓝印户口。|

买	勒	房	子	好	办	上
ma¹³	lak²³	vang¹³	zi³⁴	hê³⁴	bê¹³	sang¹³
马	勒	仿	资	合噢	博嗳	嗓

海	蓝	印	户	口。
hê³⁴	lê¹³	in³⁴	u¹³	keu³⁴
合嗳	勒嗳	因	午	抠

16. |孩子可以在上海念书。|

小	囡	好	勒	上	海	读
xiô³⁴	noü¹³	hê³⁴	lak²³	sang¹³	hê³⁴	dok²³
细噢	奴于	合噢	勒	嗓	合嗳	得喔

书。
si⁵³
思

17. |我每天去股市看看。|

我	每	天	去	股	市	看	看。
ngu¹³	mê³⁴	ti⁵³	qi³⁴	gu³⁴	si¹³	koü³⁴	koü³⁴
吾	媒	梯	其	古	斯	苦于	苦于

18. |想挣点儿菜钱。|

想	赚	点	小	菜	铜	钿。
xiang³⁴	sê¹³	di³⁴	xiô³⁴	cê³⁴	dong¹³	di¹³
祥	似嗳	低	细噢	此嗳	董	弟

19. |我买了三个股,全套住了。|

我	买	勒	三	只	股,	全(侪)
ngu¹³	ma¹³	lak⁴	sê⁵³	zak⁵	gu³⁴	sê¹³
吾	马	勒	斯嗳	扎	古	似嗳

套	牢	勒。
tô³⁴	lô¹³	lak²¹
特噢	勒噢	了

20. |我没买债券。|

我	呒	没	买	债	券。
ngu¹³	m¹³	mak²³	ma¹³	za³⁴	qu³⁴
吾	呒	摸	马	砸	区

(三) 理发

1. |头发太长，要剪短些。|

头	发	忒	长，	要	剪	短	点。
deu¹³	fak⁵	tak⁵	sang¹³	iô³⁴	ji³⁴	doü³⁴	di³⁴
抖	发	塌	嗓	移噢	集	读于	低

2. |你剪什么式样?|

侬	剪	啥	式	样?
nong¹³	ji³⁴	sa³⁴	sak⁵	iang¹³
农	集	洒	色	央

3. |照原样吧。|

照	老	样	子	好	勒。
zô³⁴	lô¹³	iang¹³	zi³⁴	hô³⁴	lak⁴
子噢	勒噢	央	自	合噢	勒

4. |不要剪得太短。|

勿	要	剪	勒	忒	短。
vak²³	iô³⁴	ji³⁴	lak⁴	tak⁵	doü³⁴
瓦	移噢	集	勒	塌	读于

5. |刮脸吗?|

修　　面　　哦？
xieu⁵³　mi¹³　va⁴⁴
修　　米　　哇

6. |把胡子刮掉。|

拿　　胡　　子　　刮　　脱。
nê⁵³　vu¹³　zi³⁴　guak⁵　tak⁵
讷嗳　午　　资　　刮　　塌

7. |来洗头。|

来　　汏　　头。
lê¹³　da¹³　deu¹³
勒嗳　打　　抖

8. |我头皮屑很多。|

我　　头　　皮　　屑　　老　　多。
ngu¹³　deu¹³　bi¹³　xiek⁵　lê¹³　du⁵³
吾　　抖　　逼　　歇　　勒噢　都

9. |我们用洗发香波洗头。|

阿　　拉　　用　　洗　　发　　香　　波
a³³　la⁴⁴　iong¹³　xi³⁴　fak⁵　xiang⁵³　bu⁵³
阿　　拉　　永　　习　　发　　香　　布

汏　　头。
da　deu¹³
打　　抖

10. |一般肥皂碱性太重。|

一　　般　　肥　　皂　　碱　　性　　忒　　重。
iek⁵　bê⁵³　bi¹³　sô¹³　gê³⁴　xin³⁴　tak⁵　song¹³
噎　　拨嗳　比　　斯噢　格嗳　辛　　塌　　耷

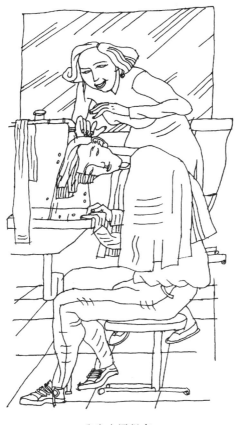

我头皮屑很多。

11. |用些焗油膏。|

用	点	焗	油	膏。
iong¹³	di³⁴	jiok²³	ieu¹³	gô⁵³
永	低	几唷	有	哥噢

12. |头发服贴了。|

头　　　发　　　服　　　贴　　　勒。
deu¹³　fak⁵　vok²³　tiek⁵　lak⁴
抖　　　发　　　我　　　铁　　　勒

13. |削薄一些。|

　　削　　　薄　　　一　　　点。
　　xiek⁵　bok²³　iek⁵　di³⁴
　　歇　　　跛　　　噎　　　低

14. |染发吗?|

　　染　　　头　　　发　　　哦?
　　ni¹³　deu¹³　fak⁵　va³¹
　　拟　　　抖　　　发　　　哇

15. |会损伤头发吗?|

　　会　　　损　　　伤　　　头　　　发　　　哦?
　　uê¹³　sen³⁴　sang⁵³　deu¹³　fak⁵　va³¹
　　伟　　　森　　　桑　　　抖　　　发　　　哇

16. |化学染发不好。|

　　化　　　学　　　染　　　发　　　勿　　　好。
　　ho³⁴　iek¹³　ni¹³　fak⁵　vak²³　hô³⁴
　　胡　　　噎　　　拟　　　发　　　瓦　　　合噢

17. |洒些香水。|

　　洒　　　点　　　香　　　水。
　　sa³⁴　di³⁴　xiang⁵³　si³⁴
　　撒　　　帝　　　香　　　四

18. |你看好镜子。|

侬	看	好	镜	子。
nong^{13}	koü^{34}	hô^{34}	jin^{34}	zi^{34}
农	苦于	合噢	进	资

19. |前面样子怎样?|

前	头	样	子	哪	能?
xi^{13}	deu^{13}	iang^{13}	zi^{34}	na^{13}	nen^{13}
洗	兜	养	资	哪	能

20. |后面也不错……|

后	头	阿	勿	错……
eu^{13}	deu^{13}	a^{13}	vak^{23}	cu^{34}
呕	兜	啊	瓦	粗

(四) 卫生

1. |我自己洗衣服。|

我	自	家	汰	衣	裳。
ngu^{13}	si^{13}	ga^{53}	da^{13}	yi^{53}	sang^{13}
吾	死	旮	打	衣	嗓

2. |连床单、被单也自己洗。|

连	床	单、	被	单	阿	自	家	汰。
li^{13}	sang^{13}	dê^{53}	bi^{13}	dê^{53}	a^{13}	si^{13}	ga^{53}	da^{13}
里	嗓	得嗳	比	得嗳	阿	似	旮	打

3. |用洗衣机洗。|

用	洗	衣	机	汰。
iong^{13}	xi^{34}	yi^{53}	ji^{53}	da^{13}
永	习	衣	记	打

4. |而且自己用电熨斗熨烫。|

后面也不错……

外	加	自	家	用	电	烫
nga^{13}	ga^{53}	si^{13}	ga^{53}	iong^{13}	di^{13}	tang^{34}
阿	旮	死	旮	永	底	堂

斗 烫。
deu³⁴ tang³⁴
豆 堂

5. |毛料衣服要干洗。|

毛 料 衣 裳 要 干 汰。
mô¹³ liô¹³ yi⁵³ sang¹³ iô³⁴ goü⁵³ da¹³
莫噢 里噢 衣 嗓 移噢 咕迂 打

6. |只好到店里去洗。|

只 好 到 店 里 去 汰。
zak⁵ hô³⁴ dô³⁴ di³⁴ li¹³ qi³⁴ da¹³
则 喝噢 得噢 笛 哩 气 打

7. |干洗一套西服多少钱?|

干 汰 一 套 西 装 几 钿?
goü⁵³ da¹³ iek⁵ tô³⁴ xi⁵³ zang³⁴ ji³⁴ di¹³
咕迂 打 噎 特噢 西 葬 几 低

8. |把这块油渍去掉,行吗?|

拿 哀 块 油 迹 去 脱, 来
nê⁵³ ê⁵³ kuê³⁴ ieu¹³ jiek⁵ qi³⁴ tak⁵ lê¹³
讷嗳 嗳 溃 有 接 气 塌 勒嗳

事 哦?
si¹³ va³¹
斯 哇

9. |下午可以来取。|

下 半 日 可 以 来 拿。
o¹³ boü³⁴ niek²³ ku³⁴ yi¹³ lê¹³ nê⁵³
午 布于 聂 苦 衣 勒嗳 讷嗳

10. |熨烫得毕挺,不错。|

烫	勒	毕	挺,	勿	错。
tang³⁴	lak⁴	biek⁵	tin³⁴	vak²³	cu³⁴
堂	勒	憋	听	瓦	粗

11. |你在家里拖地板吗?|

侬	勒	屋	里	拖	地	板	哦?
nong¹³	lak²³	ok⁵	li¹³	tu⁵³	di¹³	bê³⁴	va³¹
农	勒	喔	哩	突	底	拨嗳	哇

12. |环境卫生我很关心。|

环	境	卫	生	我	蛮	关	心。
guê¹³	jin³⁴	uê¹³	sen⁵³	ngu¹³	mê⁵³	guê⁵³	xin⁵³
古嗳	金	伟	森	吾	摸嗳	咕嗳	信

13. |垃圾不能乱扔。|

垃	圾	勿	好	乱	掼。
la¹³	xi⁵³	vak²³	hô³⁴	loü¹³	guê¹³
拉	西	瓦	喝噢	鲁于	古嗳

14. |谁不喜欢干净?|

啥	人	勿	欢	喜	清	爽?
sa³⁴	nin¹³	vak²³	hoü⁵³	xi³⁴	qin⁵³	sang³⁴
洒	宁	瓦	呼迂	细	清	嗓

15. |我准备把厨房装修一下。|

我	准	备	拿	厨	房	装
ngu¹³	zen³⁴	bê³⁴	nê⁵³	si¹³	vang¹³	zang⁵³
吾	怎	背	讷嗳	死	王	赃

谁不喜欢干净?

修　一　下。
xieu⁵³ iek⁵ xia³⁴
秀　嚯　下

16. 装修费用厉害吗?

装	修	费	用	结	棍	哦?
zang⁵³	xieu⁵³	fi³⁴	iong¹³	jiek⁵	guen³⁴	va³¹
赃	秀	佛移	雍	结	咕温	哇

17. |请外面民工不放心。|

请	外	头	民	工	勿	放	心。
qin³⁴	nga¹³	deu¹³	min¹³	gong⁵³	vak²³	fang³⁴	xin⁵³
情	阿	兜	敏	工	瓦	方	信

18. |请装潢公司又太贵。|

请	装	潢	公	司	又	忒	贵。
qin³⁴	zang⁵³	uang¹³	gong⁵³	si⁵³	ieu¹³	tak⁵	ju³⁴
情	赃	旺	公	四	有	塌	菊

19. |脱排油烟机买什么牌子?|

脱	排	油	烟	机	买	啥	牌	子?
tok⁵	ba¹³	ieu¹³	yi⁵³	ji⁵³	ma¹³	sa³⁴	ba¹³	zi³⁴
托	巴	有	衣	记	马	洒	把	资

20. |房间里铺上木地板。|

房	间	里	铺	上	木	地	板。
vang¹³	gê⁵³	li¹³	pu⁵³	sang¹³	mok²³	di¹³	bê³⁴
王	格嗳	利	铺	嗓	抹	底	拨嗳

(五) 人情

1. |小张要结婚了。|

小	张	要	结	婚	勒。
xiô³⁴	zang⁵³	iô³⁴	jiek⁵	huen⁵³	lak²¹
细噢	赃	移噢	结	呼温	了

2. |我送两百块人情。|

我	送	两	百	块	人	情。
ngu¹³	song³⁴	liang¹³	bak⁵	kuê³⁴	nin¹³	xin¹³
吾	耸	两	巴	库嗳	宁	辛

3. |在哪里举行婚礼?|

勒	啥	地	方	举	行	婚	礼?
lak²³	sa³⁴	di¹³	fang⁵³	ju³⁴	in¹³	huen⁵³	li¹³
勒	洒	低	放	菊	阴	呼温	利

4. |花园饭店。|

花	园	饭	店。
ho⁵³	ü¹³	vê¹³	di³⁴
呼	雨	午嗳	低

5. |明天老林的父亲做八十大寿。|

明	朝	老	林	拉	爷	做	八
min¹³	zô⁵³	lô¹³	lin¹³	la³¹	ia¹³	zu³⁴	bak⁵
敏	兹噢	勒噢	拎	拉	雅	足	巴

十	大	寿。
sak²³	da¹³	seu¹³
撒	打	搜

6. |听说在新雅饭店?|

听	说	勒	新	雅	饭	店?
tin⁵³	sak⁵	lak²³	xin⁵³	ia³⁴	vê¹³	di³⁴
听	色	勒	新	亚	午嗳	低

7. |亲戚朋友要来许多。|

亲	戚	朋	友	要	来	交	关。
qin⁵³	qiek⁵	bang¹³	ieu¹³	iô³⁴	lê¹³	jiô³⁴	guê⁵³
亲	妾	榜	优	移噢	勒嗳	基噢	固嗳

8. |订了一只大蛋糕。|

订	勒	一	只	大	蛋	糕。
din³⁴	lak²³	iek⁵	zak⁵	du¹³	dê¹³	gô⁵³
顶	勒	噎	扎	睹	得嗳	各噢

9. |我送去一百元。|

我	送	去	一	百	块。
ngu¹³	song³⁴	qi³⁴	iek⁵	bak⁵	kuê³⁴
吾	送	欺	噎	巴	库嗳

10. |为什么是一百元?|

为	啥	是	一	百	块?
uê¹³	sa³⁴	si¹³	iek⁵	bak⁵	kuê³⁴
伟	洒	似	噎	巴	库嗳

11. |祝他长命百岁呀!|

祝	伊	长	命	百	岁	呀!
zok⁵	yi¹³	sang¹³	min¹³	bak⁵	sê³⁴	ia³¹
捉	伊	嗓	明	巴	似嗳	呀

12. |还要录像呢!|

还	要	录	像	唻!
ê¹³	iô³⁴	lok²³	xiang¹³	lê³¹
嗳	移噢	洛	祥	勒嗳

13. |这大概是现在时兴的吧。|

格	大	概	是	现	在	行	斛
gak⁵	da¹³	gê³⁴	si¹³	yi¹³	sê¹³	ang¹³	gak²³
戈	打	格嗳	死	以	斯嗳	昂	格

哦。
va³¹
哇

14. |人情太多也很烦。|

人	情	忒	多	阿	老	烦。
nin¹³	xin¹³	tak⁵	du⁵³	a¹³	lô¹³	vê¹³
宁	形	塌	都	阿	勒噢	佛嗳

15. |新事新办比较好。|

新	事	新	办	比	较	好。
xin⁵³	si¹³	xin⁵³	bê¹³	bi³⁴	jiô³⁴	hô³⁴
新	似	新	博嗳	比	记噢	合噢

16. |应当大力提倡。|

应	当	大	力	提	倡。
in⁵³	dang⁵³	da¹³	liek²³	di¹³	cang⁵³
应	荡	打	唎	底	苍

17. |小王父亲过世了。|

小	王	拉	爷	过	世	勒。
xiô³⁴	uang¹³	la⁵³	ia¹³	gu³⁴	si³⁴	lak²¹
细噢	汪	拉	雅	古	斯	了

18. |星期天开追悼会。|

礼	拜	天	开	追	悼	会。
li¹³	ba³⁴	ti⁵³	kê⁵³	zoü⁵³	dô¹³	uê¹³
礼	巴	替	克嗳	租迂	得噢	畏

19. |他们进行树葬。|

伊	拉	进	行	树	葬。
yi^{13}	la^{53}	jin^{34}	in^{13}	si^{13}	zang^{34}
以	拉	进	英	死	赃

20. |也不吃什么"豆腐饭"。|

阿	勿	吃	啥	"豆	腐	饭"。
a^{13}	vak^{23}	qiek^5	sa^{34}	deu^{13}	vu^{13}	vê^{13}
阿	瓦	切	洒	抖	乌	午嗳

21. |不搞迷信一套东西。|

勿	搞	迷	信	一	套	物	事。
vak^{23}	gô^{13}	mi^{13}	xin^{34}	iek^5	tô^{34}	mak^{23}	si^{13}
瓦	格噢	米	辛	噎	特噢	马	似

22. |讲迷信、摆阔,会让人瞧不起。|

讲	迷	信,	掼	派	头,	会	拨
gang^{34}	mi^{13}	xin^{34}	guê^{13}	pa^{34}	deu^{13}	uê^{13}	bak^5
港	米	辛	古嗳	趴	豆	伟	巴

人	家	看	勿	起。
nin^{13}	ga^{53}	koü^{34}	vak^5	qi^{34}
宁	旮	苦于	挖	气

☞ **上海街坊常用流行语举例**

1. 加里顿大学(ga$^{53-55}$li$^{13-33}$den$^{34-31}$da$^{13-22}$ok$^{23-4}$) 上海话中,"加里顿"与"家里蹲"三字谐音。"蹲"在上海话中除了"下蹲"意思外,还可表示"待"、"住"的意思。所以"加里顿大学"就是"家里蹲大学",指未考上大学,待在家里。例如:

"唉! 我 儿 子 考 进
ê²¹　ngu¹³　ni¹³⁻²²　zi³⁴⁻⁴⁴　kô³⁴⁻³³　jin³⁴⁻⁴⁴
唉　吾　拟　资　考　金

辫 是 加 里 顿 大 学。"
gak²³⁻²¹　si¹³　ga⁵³⁻⁵⁵　li¹³⁻³³　den³⁴⁻³¹　da¹³⁻²²　ok²³⁻⁴
格　死　嘎　里　凳　打　喔

(唉! 我儿子考进的是"家里蹲大学"。)

2. 高四班（gô⁵³⁻⁵⁵ si³⁴⁻³³ bê⁵³⁻³¹）　有的学生说自己在上"高中四年级",简称"高四班"。高中有三年级,没有四年级。这是"高复班"的戏称。未考上大学的高中毕业生进高中课程复习班进行总结式的"复读",以便次年再参加高考。这也算是一种"充电"（cong⁵³ di¹³）。例如:

最 近, 我 勒 上 高
zou³⁴⁻³³　jin¹³⁻⁴⁴　ngu¹³　lak²³　sang¹³　gô⁵³⁻⁵⁵
最　金　吾　勒　嗓　高

四 班。
si³⁴⁻³³　bê⁵³⁻³¹
四　背

(最近,我在上高复班。)

3. 扒分（bo¹³ fen⁵³［补分］）　"分"指钱（这样的说法出现于 20 世纪 70 年代）。"扒分"指利用业余时间在外面挣外快收入（这说法出现于 20 世纪 80 年代中期,现在在街坊中仍很流行）。

教师去"扒分"（搞家教或去外面兼课）,被说成"背猪猡"（bê⁵³ zi⁵³⁻⁵⁵ lu¹³⁻³¹［背资路］）（上海话把"猪"说成"猪猡"）。

4. **分挺**(fen⁵³ tin³⁴) 指钱多。很有钱也可说成"有立升"(yeu¹³ liek²³⁻¹ sen⁵³⁻²³[有列森])。例如：

小	王	现	在	分	挺	得
xiô³⁴⁻³³	wang¹³⁻⁴⁴	yi¹³⁻²²	sê¹³⁻²²	fen⁵³	tin³⁴	dak⁵
小	汪	以	腮	分	庭	得

勿	得	了。
vak²³⁻²	dak⁵⁻⁴	liô³⁴
瓦	得	了

(小王现在钱多得不得了。)

5. **脑梗**(nô¹³⁻²² gang⁵³⁻⁴⁴) 戏说人笨掉了。例如：

题	目	介	便	当	还	做
di¹³⁻²²	mok²³⁻⁴	ga⁵³	bi¹³⁻²²	dang³⁴⁻⁴⁴	ê¹³	zu³⁴⁻³³
底	摸	嘎	比	啴	嗳	祖

勿	来，	侬	脑	梗	啦?
vak²³⁻⁵	lê¹³⁻³¹	nong¹³	nô¹³⁻²²	gang⁵³⁻⁴⁴	la³¹
哇	累	农	脑	刚	啦

(题目这么容易还不会做,你笨掉啦?)

6. **罚款单**(vak²³⁻¹ koü³⁴⁻²² dê⁵³⁻²³) 喻指人家婚庆、寿宴送来的请柬。接到请柬,嘴上说恭贺的话,心里却大呼吃不消,因为"人情"费是看"涨"的。例如：

搿	张	罚	款	单	罚
gak²³⁻¹	zang⁵³⁻²³	vak²³⁻¹	koü³⁴⁻²²	dê⁵³⁻²³	vak²³
葛	臧	瓦	葵	待	瓦

脱	我	八	百	块	噢!
tak⁵	ngu¹³	bak⁵⁻³	bak⁵	kuê³⁴⁻³¹	ô³¹
脱	吾	拔	巴	溃	哦

(这份请柬"罚"掉我八百块钱噢!)

7. **劈硬柴**(piek⁵ ngang¹³⁻²² sa¹³⁻⁴⁴[撒盎撒]) 喻指费用双方(或多方)平均分摊,如同现在流行的"AA 制"。

十、休 闲

(一) 观剧

1. |我打一个电话。|

我	打	一	只	电	话。
ngu¹³	dang³⁴	iek⁵	zak⁵	di¹³	o¹³
吾	挡	噎	扎	底	乌

2. |喂,小李吗?|

喂,	小	李	是	哇?
uê³⁴	xiê³⁴	li¹³	si¹³	va⁴⁴
喂	细噢	哩	似	哇

3. |京剧看吗?|

京	剧	看	哇?
jin⁵³	jiek²³	koü³⁴	va⁴⁴
京	界	苦于	哇

4. |我有两张票子。|

我	有	两	张	票	子。
ngu¹³	ieu¹³	liang¹³	zang⁵³	piô³⁴	zi³⁴
吾	有	两	赃	批噢	自

5. |在逸夫舞台。|

勒	逸	夫	舞	台。
lak²³	iek²³	fu⁵³	vu¹³	de¹³
勒	也	夫	舞	得嗳

6. |星期四晚上七点半。|

礼	拜	四	夜	里	七	点	半。
li^{13}	ba^{34}	si^{34}	ia^{13}	li^{13}	qiek^5	di^{34}	boü^{34}
礼	巴	司	雅	哩	切	低	补于

7. |我七点在那儿门口等你。|

我	七	点	勒	伊	面	门	口
ngu^{13}	qiek^5	di^{34}	lak^{23}	yi^{53}	mi^{13}	men^{13}	keu^{34}
吾	切	低	勒	衣	密	猛	抠

等	侬。
deng^{34}	nong^{13}
等	农

8. |我很喜欢京剧。|

我	老	欢	喜	京	剧。
ngu^{13}	lô^{13}	hoü^{53}	xi^{34}	jin^{53}	jiek^{23}
吾	勒噢	呼迁	细	京	界

9. |今天演什么戏?|

今	朝	做	啥	戏?
jin^{53}	zô^{53}	zu^{34}	sa^{34}	xi^{34}
今	兹噢	足	洒	席

10. |《杨家将》。|

《杨	家	将》。
iang^{13}	jia^{53}	jiang^{34}
养	家	酱

11. |噢,老戏!|

噢， 老 戏！
ô³¹ lô¹³ xi³⁴
噢 勒噢 西

12. |许多上海人喜欢沪剧。|

交 关 上 海 人 欢 喜
jiô⁵³ guê⁵³ sang¹³ hê³⁴ nin¹³ hou⁵³ xi³⁴
基噢 咕嗳 嗓 喝嗳 宁 呼迁 细

沪 剧。
vu¹³ jiek²³
午 接

13. |不少女职工喜欢绍兴戏。|

勿 少 女 职 工 欢 喜
vak²³ sô³⁴ nü¹³ zak⁵ gong⁵³ hou⁵³ xi³⁴
瓦 四噢 女 扎 共 呼迁 细

绍 兴 戏。
sô¹³ xin⁵³ xi³⁴
四噢 辛 细

14. |大光明电影院生意不错。|

大 光 明 电 影 院 生 意
da¹³ guang⁵³ min¹³ di¹³ in³⁴ ü¹³ sang⁵³ yi³⁴
打 光 命 底 音 芋 桑 意

勿 错。
vak²³ cu³⁴
瓦 粗

15. |我不去电影院。|

我　　勿　　去　　电　　影　　院。
ngu¹³　vak²³　qi³⁴　di¹³　in³⁴　ü¹³
吾　　瓦　　欺　　底　　音　　芋

16. |为什么？——在家看电视。|

为　　啥？——勒　　屋　　里　　看　　电　　视。
uê¹³　sa³⁴　　　lak²³　ok⁵　li¹³　koü³⁴　di¹³　si¹³
伟　　洒　　　　勒　　喔　　哩　　苦于　　底　　斯

17. |谁不喜欢音乐？|

啥　　人　　勿　　欢　　喜　　音　　乐？
sa³⁴　nin¹³　vak²³　hoü⁵³　xi³⁴　in⁵³　iek²³
洒　　宁　　瓦　　呼迁　　细　　音　　叶

18. |我喜欢经典音乐。|

我　　欢　　喜　　经　　典　　音　　乐。
ngu¹³　hoü⁵³　xi³⁴　jin⁵³　di³⁴　in⁵³　iek²³
吾　　呼迁　　细　　经　　敌　　音　　叶

19. |青少年要听流行歌曲。|

青　　少　　年　　要　　听　　流　　行
qin⁵³　sô³⁴　ni¹³　iô³⁴　tin⁵³　lieu¹³　in¹³
青　　四噢　　腻　　移噢　　听　　柳　　音

歌　　曲。
gu⁵³　qiok⁵
咕　　却

20. |民间音乐也很有味道。|

民　　间　　音　　乐　　阿　　蛮　　有
min¹³　ji⁵³　in⁵³　iek²³　a¹³　mê⁵³　ieu¹³
敏　　基　　音　　叶　　阿　　摸嗳　　有

青少年要听流行歌曲。

味	道。
mi¹³	dô¹³
米	得噢

21. |舞蹈看不太懂。|

舞	蹈	看	大	勿	懂。
vu¹³	dô¹³	koü³⁴	da¹³	vak²³	dong³⁴
午	得噢	苦于	打	瓦	洞

22. |民间舞蹈很优美。|

民	间	舞	蹈	老	优	美。
min¹³	ji⁵³	vu¹³	dô¹³	lô¹³	ieu⁵³	mê³⁴
敏	基	午	得噢	勒噢	优	妹

23. |滑稽戏、杂技最受欢迎。|

滑	稽	戏、	杂	技	最	受	欢	迎。
uak²³	ji³⁴	xi³⁴	sa¹³	ji¹³	zoü³⁴	seu¹³	hoü³⁴	nin¹³
瓦	几	西	洒	机	祖于	手	呼迁	泞

24. |大世界一张票可以看许多种戏。|

大	世	界	一	张	票	好
da¹³	si³⁴	ga³⁴	iek⁵	zang⁵³	piô³⁴	hô³⁴
打	思	尬	噎	赃	皮噢	合噢

看	交	关	种	戏。
koü³⁴	jiô⁵³	guê⁵³	zong³⁴	xi³⁴
苦于	基噢	咕嗳	总	习

(二) 闲逛

1. |你别老呆在家里"窝"着。|

侬	勿	要	老	蹲	勒	屋
nong¹³	vak²³	iô³⁴	lô¹³	den⁵³	lak²¹	ok⁵
农	瓦	移噢	勒噢	灯	勒	喔

里	"孵	豆	芽"。
li¹³	bu¹³	deu¹³	nga¹³
哩	补	抖	阿

2. |我们一起去逛逛街吧。|

阿	拉	一	道	去	荡	荡	马
a³³	la⁴⁴	iek⁵	dô¹³	qi³⁴	dang¹³	dang¹³	mo¹³
阿	拉	噎	得噢	齐	挡	挡	母

路	哦。
lu¹³	va³¹
噜	哇

3. |城隍庙人很多。|

城	隍	庙	人	老	多。
sen¹³	uang¹³	miô¹³	nin¹³	lô¹³	du⁵³
森	汪	米噢	宁	勒噢	都

4. |商店有一二百家。|

商	店	有	一	两	百	家。
sang⁵³	di³⁴	ieu¹³	iek⁵	liang³⁴	bak⁵	ga⁵³
桑	笛	有	噎	良	巴	夻

5. |去湖心亭喝杯茶怎样?|

去	湖	心	亭	吃	杯	茶	哪	能?
qi³⁴	vu¹³	xin⁵³	din¹³	qiek⁵	bê⁵³	so¹³	na¹³	nen¹³
齐	午	心	定	切	杯	俗	哪	能

6. |买些梨膏糖吃吃。|

买	点	梨	膏	糖	吃	吃。
ma¹³	di³⁴	li¹³	gô⁵³	dang¹³	qiek⁵	qiek⁵
马	低	里	格噢	荡	切	切

7. |我想买几本书。|

我	想	买	几	本	书。
ngu¹³	xiang³⁴	ma¹³	ji³⁴	ben³⁴	si⁵³
吾	祥	马	集	甫	思

8. |那么去南京路看看。|

格	么	去	南	京	路	看	看。
gak⁵	mak⁵	qi³⁴	noü¹³	jin⁵³	lu¹³	koü³⁴	koü³⁴
戈	么	齐	努于	京	路	苦于	苦于

9. |福州路上书店最多。|

福	州	路	朗	书	店	顶	多。
fok^5	zeu^{53}	lu^{13}	lang^{13}	si^{53}	di^{34}	ding^{34}	du^{53}
佛	邹	路	浪	思	帝	顶	都

10. |步行街非常热闹。|

步	行	街	吓	闹	猛。
bu^{13}	in^{13}	ga^{53}	hak^5	nô^{13}	mang^{13}
补	因	尬	哈	讷噢	莽

11. |这家点心店很有名。|

搿	爿	点	心	店	邪	气	有	名。
gak^{23}	bê^{13}	di^{34}	xin^{53}	di^{34}	xia^{13}	qi^{34}	ieu^{13}	min^{13}
格	箔嗳	敌	心	帝	霞	欺	有	敏

12. |朵云轩专卖书画。|

朵	云	轩	专	卖	书	画。
du^{34}	ün^{13}	xu^{53}	zoü^{53}	ma^{13}	si^{53}	o^{13}
读	晕	虚	租迂	马	思	午

13. |文化品位比较高。|

文	化	品	位	比	较	高。
uen^{13}	ho^{34}	pin^{34}	uê^{13}	bi^{34}	jiô^{34}	gô^{53}
吻	呼	频	威	比	基噢	戈噢

14. |你进去过吗?|

侬	进	去	过	哦?
nong^{13}	jin^{34}	qi^{34}	gu^{34}	va^{31}
农	紧	欺	固	哇

15. |到静安公园去休息休息。|

朵云轩专卖书画。

到	静	安	公	园	去	休
dô³⁴	xin¹³	oü⁵³	gong⁵³	ü¹³	qi³⁴	xieu⁵³
得噢	醒	喔迁	公	雨	奇	休

息　　休　　息。
xiek⁵　xieu⁵³　xiek⁵
屑　　休　　屑

16. |逛到淮海路去。|

荡　　到　　淮　　海　　路　　去。
dang¹³　dô³⁴　ua¹³　hê³⁴　lu¹³　qi³⁴
挡　　得噢　瓦　　合嗳　路　　气

17. |上海图书馆很雄伟。|

上　　海　　图　　书　　馆　　老　　雄　　伟。
sang¹³　hê³⁴　du¹³　si⁵³　goü³⁴　lô¹³　iong¹³　uê¹³
嗓　　合嗳　睹　　思　　固芋　勒噢　永　　威

18. |我们站在浦西看浦东。|

阿　　拉　　立　　勒　　浦　　西　　看　　浦　　东。
a³³　la⁴⁴　liek²³　lak²³　pu³⁴　xi⁵³　koü³⁴　pu³⁴　dong⁵³
阿　　拉　　咧　　勒　　蒲　　西　　苦于　蒲　　东

19. |浦东很漂亮。|

浦　　东　　蛮　　漂　　亮。
pu³⁴　dong⁵³　mê⁵³　piô³⁴　liang¹³
蒲　　东　　摸嗳　皮噢　良

20. |什么时候去陆家嘴看看。|

啥　　辰　　光　　去　　陆　　家　　嘴
sa³⁴　sen¹³　guang⁵³　qi³⁴　lok²³　ga³⁴　zi³⁴
洒　　森　　逛　　齐　　洛　　噶　　资

看　　看。
koü³⁴　koü³⁴
苦于　苦于

21. |上海变化太快。|

上	海	变	化	忒	快。
sang^{13}	hê^{34}	bi^{34}	ho^{34}	tak^{5}	kua^{34}
嗓	合噯	比	呼	塌	垮

22. |每个星期逛一条街,怎样?|

每	斛	礼	拜	荡	一	条	马
mê^{34}	gak^{23}	li^{13}	ba^{34}	dang^{13}	iek^{5}	diô^{13}	mo^{13}
美	格	礼	巴	挡	噎	底噢	母

路	哪	能?
lu^{13}	na^{13}	nen^{13}
噜	哪	能

(三) 锻炼

1. |前一阵我身体不好。|

前	一	腔	我	身	体	勿	好。
xi^{13}	iek^{5}	qiang^{53}	ngu^{13}	sen^{53}	ti^{34}	vak^{23}	hô^{34}
洗	噎	跄	吾	森	替	瓦	合噢

2. |今天我又跑步了。|

今	朝	我	又	跑	步	勒。
jin^{53}	zô^{53}	ngu^{13}	ieu^{13}	bô^{13}	bu^{13}	lak^{21}
今	兹噢	吾	有	博噢	逋	了

3. |每次我慢跑两公里。|

每	趟	我	慢	跑	两	公	里。
mê^{34}	tang^{34}	ngu^{13}	mê^{13}	bô^{13}	liang^{12}	gong^{53}	li^{13}
美	汤	吾	莫噯	博噢	两	公	利

4. |现在打太极拳。|

现　　在　　打　　太　　极　　拳。
yi¹³　sê¹³　dang³⁴　ta³⁴　jiek²³　ju¹³
以　　斯嗳　党　　塔　　结　　巨

5. |在街心花园打拳。|

勒　　街　　心　　花　　园　　打　　拳。
lak²³　ga⁵³　xin⁵³　ho⁵³　ü¹³　dang³⁴　ju¹³
勒　　旮　　信　　呼　　遇　　党　　巨

6. |用录音机放音乐。|

用　　录　　音　　机　　放　　音　　乐。
iong¹³　lok²³　in⁵³　ji⁵³　fang³⁴　in⁵³　iek²³
永　　洛　　隐　　机　　房　　音　　叶

7. |中午午睡一会儿。|

中　　朗　　向　　打　　一　　歇
zong⁵³　lang¹³　xiang³⁴　dang³⁴　iek⁵　xiek⁵
宗　　浪　　向　　党　　噎　　歇

中　　觉。
zong⁵³　gô³⁴
宗　　各噢

8. |下午到活动室里去。|

下　　半　　天　　到　　活　　动　　室
o¹³　boü³⁴　ti⁵³　dô³⁴　uok²³　dong¹³　sak⁵
午　　逋迀　替　　得噢　我　　董　　撒

里　　去。
li¹³　qi³⁴
利　　齐

9. |大家聊聊天儿。|

大	家	解	解	山	话。
da^{13}	ga^{53}	ga^{13}	ga^{13}	sê^{53}	o^{13}
打	沓	嘎	沓	斯嗳	午

10. |下下棋。|

着	着	棋。
zak^5	zak^5	ji^{13}
扎	扎	几

11. |打打扑克。|

打	打	扑	克。
dang^{34}	dang^{34}	pok^5	kak^5
党	当	扑	克

12. |说好不许吸烟。|

讲	好	勿	许	吃	香	烟。
gang^{34}	hô^{34}	vak^{23}	xu^{34}	qiek^5	xiang^{53}	yi^{53}
港	合噢	瓦	虚	切	香	意

13. |退休日子过得不错。|

退	休	日	脚	过	勒	勿	错。
tê^{34}	xieu^{53}	niek^{23}	jiek^5	gu^{34}	lak^{23}	vak^{23}	cu^{34}
特嗳	休	聂	接	古	勒	瓦	粗

14. |所以个个身体很好。|

所	以	个	个	身	体	蛮	好。
su^{34}	yi^{13}	gu^{34}	gu^{34}	sen^{53}	ti^{34}	mê^{53}	hô^{34}
苏	以	古	咕	森	替	摸嗳	合噢

(四) 旅游

1. |我在北京住了三天。|

我	勒	北	京	蹲	勒	三	天。
ngu¹³	lak²³	bok⁵	jin⁵³	den⁵³	lak²³	sê⁵³	ti⁵³
吾	勒	博	今	登	勒	斯嗳	替

2. |去过长城、故宫。|

去	过	长	城、	故	宫。
qi³⁴	gu³⁴	sang¹³	sen¹³	gu³⁴	gong⁵³
其	咕	嗓	森	古	宫

去过长城。

3. |拍了不少照片。|

拍	勒	勿	少	照	片。
pak⁵	lak⁴	vak²³	sô³⁴	zô³⁴	pi⁵³
爬	勒	瓦	斯噢	子噢	批

4. |朋友请我去全聚德吃了烤鸭。|

朋	友	请	我	去	全	聚	德
bang¹³	ieu¹³	qin³⁴	ngu¹³	qi³⁴	xi¹³	ju¹³	dak⁵
榜	优	情	吾	其	洗	举	搭

吃	勒	烤	鸭。
qiek⁵	lak⁴	kô³⁴	ak⁵
切	勒	咳噢	阿

5. |那是绝对正宗的北京货。|

格	是	绝	对	正	宗	瓣	北
gak⁵	si¹³	jiek²³	dê³⁴	zen³⁴	zong⁵³	gak²³	bok⁵
格	似	姐	得嗳	怎	宗	格	博

京	货。
jin⁵³	hu³⁴
今	户

6. |后来到南京转了一下。|

后	来	到	南	京	转	勒
eu¹³	lê	dô³⁴	noü¹³	jin⁵³	zoü³⁴	lak⁴
呕	勒嗳	得噢	奴于	今	足于	勒

一	转。
iek⁵	zoü³⁴
噎	祖于

7. |当然去了中山陵。|

当　　然　　去　　勒　　中　　山　　陵。
dang⁵³　soü¹³　qi³⁴　lak⁴　zong⁵³　sê⁵³　lin¹³
当　　素于　其　勒　宗　斯噯　令

8. |去年去过武夷山。|

旧　　年　　去　　过　　武　　夷　　山。
jieu¹³　ni¹³　qi³⁴　gu³⁴　vu¹³　yi¹³　sê⁵³
久　　尼　　其　　咕　　午　　衣　　四噯

9. |九曲溪值得一游。|

九　　曲　　溪　　值　　得　　一　　游。
jieu³⁴　qiok⁵　qi⁵³　sak²³　dak⁵　iek⁵　ieu¹³
九　　缺　　欺　　洒　　得　　噎　　优

10. |竹排飘流两个小时。|

竹　　排　　飘　　流　　两　　豁　　钟　　头。
zok⁵　ba¹³　piô⁵³　lieu¹³　liang¹³　gak²³　zong⁵³　deu¹³
作　　巴　　批噢　柳　　两　　格　　宗　　豆

11. |水很浅、很清,水流有时很急。|

水　　老　　浅、　老　　清,　水　　流　　有
si³⁴　lô¹³　qi³⁴　lô¹³　qin⁵³　si³⁴　lieu¹³　ieu¹³
思　　勒噢　其　　勒噢　清　　思　　溜　　有

时　　蛮　　急。
si¹³　mê⁵³　jiek⁵
斯　　摸噯　接

12. |两边是青山。|

两　　面　　是　　青　　山。
liang¹³　mi¹³　si¹³　qin⁵³　sê⁵³
两　　咪　　死　　青　　斯噯

13. |庐山的三叠泉也不错。|

庐	山	獬	三	叠	泉	阿
lu^{13}	sê^{53}	gak^{23}	sê^{53}	diek^{23}	xu^{13}	a^{13}
鲁	斯嗳	格	斯嗳	迭	许	阿

勿	错。
vak^{23}	cu^{34}
瓦	粗

14. |不过爬山很辛苦。|

不	过	爬	山	老	辛	苦。
bak^5	gu^{34}	bo^{13}	sê^{53}	lô^{13}	xin^{53}	ku^{34}
拨	咕	补	斯嗳	勒噢	辛	库

15. |三叠泉有上千级台阶。|

三	叠	泉	有	上	千	级
sê^{53}	diek^{23}	xu^{13}	ieu^{13}	sang^{13}	qi^{53}	jiek^5
斯嗳	迭	许	有	嗓	欺	介

台	阶。
dê^{13}	ga^{53}
得嗳	旮

16. |杭州我每年要去个把星期。|

杭	州	我	每	年	要	去	个
ang^{13}	zeu^{53}	ngu^{13}	mê^{34}	ni^{13}	iô^{34}	qi^{34}	gu^{34}
盎	州	吾	美	尼	移噢	其	古

把	礼	拜。
bo^{34}	li^{13}	ba^{34}
逋	礼	巴

17. |我住在西湖区。|

我	蹲	勒	西	湖	区。
ngu^{13}	den^{53}	lak^{23}	xi^{53}	vu^{13}	qu^{53}
吾	登	勒	西	务	趣

18. |每天到苏堤上散步。|

每	天	到	苏	堤	朗	散	步。
mê^{34}	ti^{53}	dô^{34}	su^{53}	di^{13}	lang^{13}	sê^{34}	bu^{13}
梅	梯	得噢	苏	帝	浪	斯嗳	补

19. |上海也有不少老景点。|

上	海	阿	有	勿	少	老
sang^{13}	hê^{34}	a^{13}	ieu^{13}	vak^{23}	sô^{34}	lô^{13}
嗓	合嗳	阿	有	瓦	斯噢	勒噢

景	点。
jin^{34}	di^{34}
金	帝

20. |如龙华塔、松江方塔等等都是古迹。|

像	龙	华	塔、	松	江	方
xiang^{13}	long^{13}	o^{13}	tak^5	song^{53}	gang^{53}	fang^{53}
祥	拢	乌	遢	松	杠	方

塔	咾	啥	全(侪)	是	古	迹。
tak^5	lô^{13}	sa^{34}	sê^{13}	si^{13}	gu^{34}	jiek^5
遢	勒噢	洒	似嗳	斯	古	接

21. |陆家嘴算新景点。|

陆	家	嘴	算	新	景	点。
lok^{23}	ga^{53}	zi^{34}	sou^{34}	xin^{53}	jin^{34}	di^{34}
落	嘎	资	俗于	新	景	敌

22. |什么时候去世纪公园玩玩。|

啥	辰	光	去	世	纪	公	园
sa^{34}	sen^{13}	guang^{53}	qi^{34}	si^{34}	ji^{34}	gong^{53}	ü^{13}
洒	森	逛	其	斯	集	公	预

白	相	相。
bak^{23}	xiang^{34}	xiang^{34}
把	想	香

☞ 上海街坊常用流行语举例

1. 扎台型（zak^5 dê$^{13-22}$ yin$^{13-44}$ [扎歹音]）　指争面子，显示自己比别人优越。例如：

小	林	扎	台	型	勒，	作
xiô$^{34-33}$	lin$^{13-44}$	zak^5	dê$^{13-22}$	yin$^{13-44}$	lak^{21}	zok$^{5-3}$
小	林	扎	歹	音	勒	作

文	比	赛	第	一	名！
ven$^{13-44}$	bi$^{34-33}$	sê$^{34-44}$	di$^{13-22}$	yek^5	min$^{13-31}$
温	比	腮	底	耶	命

   （小林露脸了，作文比赛第一名！）

2. 坍招势（tê^{53} zô$^{53-55}$ si$^{34-31}$ [胎遭四]）　指丢人、失面子。例如：

老	是	贪	小	便	宜，	侬
lô$^{13-32}$	si$^{13-44}$	toü^{53}	xiô$^{34-33}$	bi$^{13-55}$	ni$^{13-31}$	nong^{13}
老	思	推	小	逼	逆	农

坍	招	势	哦？
tê^{53}	zô$^{53-55}$	si$^{34-31}$	va^{21}
胎	遭	四	哇

   （老是贪小便宜，你丢人吗？）

3. 数电线木头（su^{53} di$^{13-22}$ xi$^{34-55}$ mok$^{23-3}$ deu$^{13-31}$ [俗底西莫豆]）　指在马路上闲逛（从前的电线杆是木制的，

所以上海人把电线杆说成电线木头)。例如：

每	日	夜	头	伊	总
mê³⁴⁻⁵⁵	niek²³⁻³¹	ya¹³⁻²²	deu¹³⁻⁴⁴	yi¹³	zong³⁴⁻³³
梅	聂	雅	兜	以	总

要	去	数	电	线	木	头
yô³⁴⁻⁴⁴	qi³⁴	su³⁴	di¹³⁻²²	xi³⁴⁻⁵⁵	mok²³⁻³	deu¹³⁻³¹
妖	其	俗	底	西	莫	豆

(每天晚上他总要去马路上闲逛。)

4. 背包族(bê³⁴⁻³³ bô⁵³⁻⁵⁵ sok²³⁻³¹[背包嗉]) 指爱好旅游的人群。例如：

小	王	是	典	型	䠟
xiô³⁴⁻³³	wang¹³⁻⁴⁴	si¹³	di³⁴⁻³³	yin¹³⁻⁴⁴	gak²¹
小	汪	死	弟	音	个

背	包	族。
bê³⁴⁻³³	bô⁵³⁻⁵⁵	sok²³⁻³¹
背	包	嗉

(小王是典型的旅行爱好者。)

附 上海话词语

词语的排列格式是:

<u>太阳 ta$^{34-33}$ iang$^{13-44}$</u>　　　　　　　<u>太阳</u>
　　上海话　　　　　　　　　　　　普通话释义

其中 ta$^{34-33}$ iang$^{13-44}$ 注音中的 34-33 及 13-44 是指连读变调。ta$^{34-33}$ 表示"太"字在"太阳"一词中,调值由原调的 34 变为 33;iang$^{13-44}$ 表示"阳"字在"太阳"一词中由原调 13 变为 44。

一、名　词

1. 天文

天 t'i^{53}	天
太阳 ta$^{34-33}$ iang$^{13-44}$	太阳
热头 niek$^{23-11}$ deu$^{13-23}$	太阳(老派)
空气 kong$^{53-55}$ qi$^{34-31}$	空气
天气 ti$^{53-55}$ qi$^{34-31}$	天气
好天 hô$^{34-33}$ ti$^{53-44}$	晴天
阴天 in$^{53-55}$ ti$^{53-31}$	阴天
阴势天 in$^{53-55}$ si$^{34-33}$ ti$^{53-31}$	阴天
风 fong^{53}	风
台风 dê$^{13-22}$ fong$^{53-44}$	台风
云 ün^{13}/iong^{13}	云
雨 ü^{13}	雨
毛毛雨 mô$^{13-22}$ mô$^{13-55}$ ü$^{13-31}$	毛毛雨;有时可喻指东西很少

阵头雨 sen¹³⁻²² deu¹³⁻⁵⁵ ü¹³⁻³¹	阵雨
雾 vu¹³	雾
霜 sang⁵³	霜
雷 lê¹³	雷
闪电 soü³⁴⁻³³ di¹³⁻⁴⁴	闪电

2. 地理

田 di¹³	田
山 sê⁵³	山
河浜 u¹³⁻²²/vu¹³⁻²² bang⁵³⁻⁵⁵	河
岸 ngoü¹³	岸
湖 u¹³/vu¹³	湖
海 hê³⁴	海
浪头 lang¹³⁻²² deu¹³⁻⁴⁴	浪
潮水 sô¹³⁻²² si³⁴⁻⁴⁴	潮水
长江 sang¹³⁻²² gang⁵³⁻⁴⁴	长江
黄河 uang¹³⁻²² u¹³⁻⁴⁴/vu¹³⁻⁴⁴	黄河
苏州河 su⁵³⁻⁵⁵ zeu⁵³⁻³³ u¹³⁻³¹/vu¹³⁻³¹	苏州河
安徽 oü⁵³⁻⁵⁵ hê⁵³⁻³¹	安徽
四川 si³⁴⁻³³ coü⁵³⁻⁴⁴	四川
烂泥 lê¹³⁻²² ni¹³⁻⁴⁴	泥土
烂污泥 lê¹³⁻²² u⁵³⁻⁴⁴ ni¹³⁻³¹	泥土
灰尘 huê⁵³⁻⁵⁵ sen¹³⁻³¹	灰尘
地方 di¹³⁻²² fang⁵³⁻⁴⁴	地方
场化 sang¹³⁻²² ho³⁴⁻⁴⁴	地方(老派)
路 lu¹³	路
马路 mo¹³⁻²² lu¹³⁻⁴⁴	路,马路
转弯角 zoü³⁴⁻³³ uê⁵³⁻⁵⁵ gok⁵⁻³¹	转角
人行道 sen¹³⁻²² in¹³⁻⁵⁵ dô¹³⁻³¹	人行道

上街沿 sang¹³⁻²² ga⁵³⁻⁵⁵ yi¹³⁻³¹	人行道
横道线 uang¹³⁻²² dô¹³⁻⁵⁵ xi³⁴⁻³¹	横道线
市区 si¹³⁻²² qu⁵³⁻³¹	市区
市郊结合部 si¹³⁻²² jiô⁵³⁻⁵⁵ jiek⁵⁻³ ak²³⁻³ bu¹³⁻³¹	市郊结合部
乡下(头) xiang⁵³⁻⁵⁵ o¹³⁻³³ (deu¹³⁻³¹)	乡下
弄堂 long¹³⁻²² dang¹³⁻⁴⁴	弄堂,巷,胡同
桥 jiô¹³	桥
高速公路 gô⁵³⁻⁵⁵ sok⁵⁻³ gong⁵³⁻³³ lu¹³⁻³¹	高速公路
旁边 bang¹³⁻²² bi⁵³⁻⁴⁴	旁边
边头 bi⁵³⁻⁵⁵ deu¹³⁻³¹	边,边上,旁边
当中 dang⁵³⁻⁵⁵ zong⁵³⁻³¹	当中,中间
当中横里 dang⁵³⁻⁵⁵ zong⁵³⁻³³ uang¹³⁻³³ li¹³⁻³¹	当中横里
对过 dê³⁴⁻⁵⁵ gu³⁴⁻³¹	对过,对面
对面 dê³⁴⁻³³ mi¹³⁻⁴⁴	对过,对面
隔壁 gak⁵⁻³ biek⁵⁻⁴	隔壁
里厢(头) li¹³⁻²² xiang⁵³⁻⁵⁵ (deu¹³⁻³¹)	里面
外头 nga¹³⁻²² deu¹³⁻⁴⁴	外面
左 zu³⁴	左
右 ieu¹³	右
前头 xi¹³⁻²² deu¹³⁻⁴⁴	前面
后头 eu¹³⁻²² deu¹³⁻⁴⁴	后面
上头 sang¹³⁻²² deu¹³⁻⁴⁴	上面
下头 o¹³⁻²² deu¹³⁻⁴⁴	下面
底下头 di³⁴⁻³³ o¹³⁻⁵⁵ deu¹³⁻³¹	下面,底下
门口(头) men¹³⁻²² keu³⁴⁻⁵⁵ deu¹³⁻³¹	门口
……上(头) sang¹³⁻³³ deu³¹	……上
……朗(向) lang¹³⁻³³ xiang³⁴⁻³¹	……上
……高(头) gô⁵³⁻³³ deu¹³⁻³¹	……上

台子高头 dê¹³⁻²² zi³⁴⁻⁵⁵ gô⁵³⁻³³ deu¹³⁻³¹   桌子上

3. 时间

春天 cen⁵³⁻⁵⁵ ti⁵³⁻³¹   春天

夏天 o¹³⁻²² ti⁵³⁻⁴⁴   夏天

热天 niek²³⁻¹¹ ti⁵³⁻²³   夏天

秋天 qieu⁵³⁻⁵⁵ ti⁵³⁻³¹   秋天

冬天 dong⁵³⁻⁵⁵ ti⁵³⁻³¹   冬天

冷天 lang¹³⁻²² ti⁵³⁻⁴⁴   冬天

辰光 sen¹³⁻²² guang⁵³⁻⁴⁴   时间

从前 song¹³⁻²² xi¹³⁻⁴⁴   从前

老底子 lô¹³⁻²² di³⁴⁻⁵⁵ zi³⁴⁻⁵⁵   从前

现在 yi¹³⁻²² sê¹³⁻⁴⁴   现在

乃 nê¹³   现在

将来 jiang⁵³⁻⁵⁵ lê¹³⁻³¹   将来

阳历 iang¹³⁻²² liek²³⁻⁴   阳历

阴历 in⁵³⁻⁵⁵ liek²³⁻³¹   阴历

年三十 ni¹³⁻²² sê⁵³⁻⁵⁵ sak²³⁻³¹   年三十

年夜头 ni¹³⁻²² ia¹³⁻⁵⁵ deu¹³⁻³¹   年夜

春节 cen⁵³⁻⁵⁵ jiek⁵⁻³¹   春节

八月半 pak⁵⁻³ üek²³⁻⁵/iok²³⁻⁵ boü³⁴⁻³¹   八月半,中秋节

旧年 jieu¹³⁻²² ni¹³⁻⁴⁴   去年

开年 kê⁵³⁻⁵⁵ ni¹³⁻³¹   明年

大前年 du¹³⁻²² xi¹³⁻⁵⁵ ni¹³⁻³¹   大前年

上斧号头 sang¹³⁻²² gak²³⁻⁵ ô¹³⁻³³ deu¹³⁻³¹   上个月

一月 iek⁵⁻³ üek²³⁻⁴/iok²³⁻⁴   一月

礼拜 li¹³⁻²² ba³⁴⁻⁴⁴   星期,礼拜

礼拜日 li¹³⁻²² ba³⁴⁻⁵⁵ niek²³⁻³¹   星期天

日脚 niek²³⁻¹¹ jiek⁵⁻²³   日子

今朝 jin⁵³⁻⁵⁵ zô⁵³⁻³¹		今天
明朝 min¹³⁻²² zô⁵³⁻⁴⁴		明天
昨日 sok²³⁻¹¹ niek²³⁻²³		昨天
前日 xi¹³⁻²² niek²³⁻⁴		前日
早朗向 zô³⁴⁻³³ lang¹³⁻⁵⁵ xiang³⁴⁻³¹		早上
早朗头 zô³⁴⁻³³ lang¹³⁻⁵⁵ deu¹³⁻³¹		早上
中朗(向) zong⁵³⁻⁵⁵ lang¹³⁻³³ (xiang³¹)		中午
中朗头 zong⁵³⁻⁵⁵ lang¹³⁻³³ deu¹³⁻³¹		中午
上半日 sang¹³⁻²² boü³⁴⁻⁵⁵ niek²³⁻³¹		上午
下半日 o¹³⁻²² boü³⁴⁻⁵⁵ niek²³⁻³¹		下午
夜快头 ya¹³⁻²² kua³⁴⁻⁵⁵ deu¹³⁻³¹		傍晚
夜到头 ya¹³⁻²² dô³⁴⁻⁵⁵ deu¹³⁻³¹		傍晚
夜里(向) ya¹³⁻²² li¹³⁻⁵⁵ (xiang³¹)		夜里
夜头 ya¹³⁻²² deu¹³⁻⁴⁴		夜里
半夜把 boü³⁴⁻³³ ya¹³⁻⁵⁵ bo³⁴⁻³¹		半夜
后来 eu¹³⁻²² lê¹³⁻⁴⁴		后来
后首来 eu¹³⁻²² seu³⁴⁻⁵⁵ lê¹³⁻³¹		后来
开头 kê⁵³⁻⁵⁵ deu¹³⁻³¹		起初
辫趟 gak²³⁻²² tang³⁴⁻²³		这次
辫腔 gak²³⁻²² qiang⁵³⁻²³		这一阵子
伊腔 yi⁵³⁻⁵⁵ qiang⁵³⁻³¹		那一阵子
前一腔 xi¹³⁻²² iek⁵ qiang³¹		前一阵子
一天到夜 iek⁵⁻³ ti⁵³⁻⁵⁵ dô³⁴⁻³³ ya¹³⁻³¹		一天到晚

4. 动物、植物

象鼻头 xiang¹³⁻²² biek²³⁻⁵ deu¹³⁻³¹		象
活狲 uak¹³⁻²³ sen⁵³⁻⁴⁴		猴子
老虫 lô¹³⁻²² song¹³⁻⁴⁴		老鼠
众生 zong⁵³⁻⁵⁵ sang⁵³⁻³¹		畜生

牛 nieu¹³	牛
马 mo¹³	马
羊 iang¹³	羊
猪猡 zi⁵³⁻⁵⁵ lu¹³⁻³¹	猪
狗 geu³⁴	狗
猫 mô¹³/mô⁵³	猫
鱼 n¹³(文读：ü¹³)	鱼
黄鱼 uang¹³⁻²² n¹³⁻⁴⁴	黄鱼
捏鳎鱼 niak²³⁻¹¹ tak⁵⁻² n¹³⁻²³	鳎目鱼
乌贼鱼 u⁵³⁻⁵⁵ sak²³⁻³³ n¹³⁻³¹	墨鱼
鲫鱼 ji³⁴⁻³³/jiek⁵⁻³ n¹³⁻⁴⁴	鲫鱼
鳗鱼 moü¹³⁻²² n¹³⁻⁴⁴	鳗鱼
带鱼 da³⁴⁻³³ n¹³⁻⁴⁴	带鱼
甲鱼 jiak⁵⁻³(jiek⁵⁻³) n¹³⁻⁴⁴	鳖
乌龟 u⁵³⁻⁵⁵ ju⁵³⁻³¹	乌龟
青鱼 qin⁵³⁻⁵⁵ n¹³⁻³¹	青鱼
白鱼 bak²³⁻¹¹ n¹³⁻²³	白鲢
胖头鱼 pang⁵³⁻⁵⁵ deu¹³⁻³³ n¹³⁻³¹	花鲢
车扁鱼 co⁵³⁻⁵⁵ bi³⁴⁻³³ n¹³⁻³¹	鲳鱼
螺蛳 lu¹³⁻²² si⁵³⁻⁴⁴	螺蛳
田螺 di¹³⁻²² lu¹³⁻⁴⁴	田螺
虾 ho⁵³/hoü⁵³	虾
蟹 ha³⁴	蟹
田鸡 di¹³⁻²² ji⁵³⁻⁴⁴	一种青蛙，背上有花纹
青蛙 qin⁵³⁻⁵⁵ o³⁴⁻³¹	青蛙
癞格巴 la¹³⁻²² gak⁵ bo⁵³⁻³¹	癞蛤蟆
麻雀 mo¹³⁻²² qiek⁵⁻⁴	麻雀

麻将鸟 mo$^{13\text{-}22}$ jiang$^{53\text{-}55}$ diô$^{34\text{-}31}$	麻雀
燕子 yi$^{34\text{-}33}$ zi$^{34\text{-}44}$	燕子
鸽子 gak$^{5\text{-}3}$ zi$^{34\text{-}44}$	鸽子
鸡 ji^{53}	鸡
雄鸡 iong$^{13\text{-}22}$ ji$^{53\text{-}44}$	公鸡
雌鸡 ci$^{53\text{-}55}$ ji$^{53\text{-}31}$	母鸡
鹅 ngu^{13}	鹅
白乌龟 bak$^{\underline{23}\text{-}\underline{11}}$ u$^{53\text{-}22}$ ju$^{53\text{-}23}$	鹅
鸭 ak^5	鸭
蜜蜂 miek$^{\underline{23}\text{-}\underline{11}}$ fong$^{53\text{-}23}$	蜜蜂
苍蝇 cang$^{53\text{-}55}$ in$^{13\text{-}31}$	苍蝇
蚊子 men$^{13\text{-}22}$ zi$^{34\text{-}44}$	蚊子
蚊虫 men$^{13\text{-}22}$ song$^{13\text{-}44}$	蚊子
蚂蚁 mo$^{13\text{-}22}$ ni$^{13\text{-}44}$	蚂蚁
蜘蛛 zi$^{53\text{-}55}$ zi$^{34\text{-}31}$	蜘蛛
知了 zi$^{53\text{-}55}$ liô$^{13\text{-}31}$	知了
叶胡知 iek$^{\underline{23}\text{-}\underline{11}}$ u$^{13\text{-}22}$ zi$^{53\text{-}23}$	知了
百脚 bak$^{5\text{-}3}$ jiek$^{5\text{-}4}$	蜈蚣
树 si^{13}	树
树桠枝 si$^{13\text{-}22}$ o$^{53\text{-}55}$ zi$^{53\text{-}31}$	树枝
芽 nga^{13}	芽
叶子 iek$^{\underline{23}\text{-}\underline{11}}$ zi$^{34\text{-}23}$	叶子
种子 zong$^{34\text{-}33}$ zi$^{34\text{-}44}$	种子
梧桐 ngu$^{13\text{-}22}$ dong$^{13\text{-}44}$	梧桐
杨柳 iang$^{13\text{-}22}$ lieu$^{34\text{-}44}$	杨柳
红木 ong$^{13\text{-}22}$ mok$^{\underline{23}\text{-}4}$	红木
草 cô^{34}	草
竹头 zok$^{5\text{-}3}$ deu$^{13\text{-}44}$	竹子

花 ho⁵³	花
米 mi¹³	米
大米 du¹³⁻²² mi¹³⁻⁴⁴	粳米
糯米 nu¹³⁻²² mi¹³⁻⁴⁴	糯米
大麦 da¹³⁻²² mak²³⁻⁴	大麦
小麦 xiô³⁴⁻³³ mak²³⁻⁴	小麦
珍珠米 zen⁵³⁻⁵⁵ zi⁵³⁻³³ mi¹³⁻³¹	玉米
赤豆 cak⁵⁻³ deu¹³⁻⁴⁴	赤豆
绿豆 lok²³⁻¹¹ deu¹³⁻²³	绿豆
黄豆 uang¹³⁻²² deu¹³⁻⁴⁴	黄豆,大豆
毛豆 mô¹³⁻²² deu¹³⁻⁴⁴	大豆,青大豆
青豆 qin⁵³⁻⁵⁵ deu¹³⁻³¹	豌豆
小寒豆 xiô³⁴⁻³³ oü¹³⁻⁵⁵ deu¹³⁻³¹	豌豆
豇豆 gang⁵³⁻⁵⁵ deu¹³⁻³¹	豇豆
蚕豆 soü¹³⁻²² deu¹³⁻⁴⁴	蚕豆
山芋 sê⁵³⁻⁵⁵ ü¹³⁻³¹	甘薯
洋山芋 iang¹³⁻²² sê⁵³⁻⁵⁵ ü¹³⁻³¹	马铃薯
花生 ho⁵³⁻⁵⁵ sen⁵³⁻³¹	花生
长生果 sang¹³⁻²² sen⁵³⁻⁵⁵ gu³⁴⁻³¹	带壳花生
花生米 hô⁵³⁻⁵⁵ sen⁵³⁻³³ mi¹³⁻³¹	花生仁
西瓜 xi⁵³⁻⁵⁵ go⁵³⁻³¹	西瓜
南瓜 noü¹³⁻²² go⁵³⁻⁴⁴	南瓜
饭瓜 vê¹³⁻²² go⁵³⁻⁴⁴	南瓜
冬瓜 dong⁵³⁻⁵⁵ go⁵³⁻³¹	冬瓜
黄瓜 uang¹³⁻²² go⁵³⁻⁴⁴	黄瓜
老菔 lô¹³⁻²² bok²³⁻⁴	萝卜
青菜 qin⁵³⁻⁵⁵ cê³⁴⁻³¹	青菜
黄芽菜 uang¹³⁻²² nga¹³⁻⁵⁵ cê³⁴⁻³¹	大白菜

卷心菜 ju$^{34\text{-}33}$ xin$^{53\text{-}55}$ cê$^{34\text{-}31}$	圆白菜,甘蓝
菠菜 bu$^{53\text{-}55}$ cê$^{34\text{-}31}$	菠菜
韭菜 jieu$^{34\text{-}33}$ cê$^{34\text{-}44}$	韭菜
芹菜 jin$^{13\text{-}22}$ cê$^{34\text{-}44}$	芹菜
豆芽 deu$^{13\text{-}22}$ nga$^{13\text{-}44}$	豆芽
香莴笋 xiang$^{53\text{-}55}$ u$^{53\text{-}33}$ sen$^{34\text{-}31}$	莴苣
胡老菔 u$^{13\text{-}22}$/vu$^{13\text{-}22}$ lô$^{13\text{-}55}$ bok$^{\underline{23}\text{-}\underline{31}}$	胡萝卜
葱 cong^{53}	葱
洋葱头 iang$^{13\text{-}22}$ cong$^{53\text{-}55}$ deu$^{13\text{-}31}$	洋葱
大蒜 da$^{13\text{-}22}$ soü$^{34\text{-}44}$	大蒜
生姜 sang$^{53\text{-}55}$ jiang$^{53\text{-}31}$	生姜
辣椒 lak$^{\underline{23}\text{-}\underline{11}}$ jiô$^{53\text{-}23}$	辣椒
番茄 fê$^{53\text{-}55}$ ga$^{13\text{-}31}$	西红柿
茄子 ga$^{13\text{-}22}$ zi$^{34\text{-}44}$	茄子
落苏 lok$^{\underline{23}\text{-}\underline{11}}$ su$^{53\text{-}23}$	茄子
木耳 mok$^{\underline{23}\text{-}\underline{11}}$ er$^{13\text{-}23}$	木耳
蘑菇 mo$^{13\text{-}22}$ gu$^{53\text{-}44}$	蘑菇
香菇 xiang$^{53\text{-}55}$ gu$^{53\text{-}31}$	香菇
甘蔗 goü$^{53\text{-}55}$ zo$^{53\text{-}31}$	甘蔗
橘子 jiok$^{5\text{-}3}$ zi$^{34\text{-}44}$	橘子
文丹 uen$^{13\text{-}22}$ dê$^{53\text{-}44}$	柚子
苹果 bin$^{13\text{-}22}$ gu$^{34\text{-}44}$	苹果
桃子 dô$^{13\text{-}22}$ zi$^{34\text{-}44}$	桃
生梨 sang$^{53\text{-}55}$ li$^{13\text{-}31}$	梨
栗子 liek$^{\underline{23}\text{-}\underline{11}}$ zi$^{34\text{-}23}$	栗子
麻栗子 mo$^{13\text{-}22}$ liek$^{\underline{23}\text{-}5}$ zi$^{34\text{-}31}$	荔枝
菠萝 bu$^{53\text{-}55}$ lu$^{13\text{-}31}$	菠萝
桂圆 guê$^{34\text{-}33}$ ü$^{13\text{-}44}$	桂圆

葡萄 bu¹³⁻²² dô¹³⁻⁴⁴	葡萄
勃萄 bak²³⁻¹¹ dô¹³⁻²³	葡萄
蒲萄 bu¹³⁻²² dô¹³⁻⁴⁴	核桃
地梨 di¹³⁻²² li¹³⁻⁴⁴	荸荠
地栗 di¹³⁻²² liek²³⁻⁴	荸荠
草莓 cô³⁴⁻³³ mê¹³⁻⁴⁴	草莓
别杷 biek²³⁻¹¹ bo¹³⁻²³	枇杷
香蕉 xiang⁵³⁻⁵⁵ jiô⁵³⁻³¹	香蕉
橄榄 gê³⁴⁻³³ lê³⁴⁻⁴⁴	橄榄
欕 uak²³	核
山楂 sê⁵³⁻⁵⁵ zo⁵³⁻³¹	山楂

5. 工农业

企业 qi³⁴⁻³³ niek²³⁻⁴	企业
公司 gong⁵³⁻⁵⁵ si⁵³⁻³¹	公司
资本 zi⁵³⁻⁵⁵ ben³⁴⁻³¹	资本
成本 sen¹³⁻²² ben³⁴⁻⁴⁴	成本
工钿 gong⁵³⁻⁵⁵ di¹³⁻³¹	工资
广告 guang³⁴⁻³³ gô³⁴⁻⁴⁴	广告
资金 zi⁵³⁻⁵⁵ jin⁵³⁻³¹	资金
电力 di¹³⁻²² liek²³⁻⁴	电力
设备 sak⁵⁻³ bê¹³⁻⁴⁴	设备
流水线 lieu¹³⁻²² si³⁴⁻⁵⁵ xi³⁴⁻³¹	流水线
厂礼拜 cang³⁴⁻³³ li¹³⁻⁵⁵ ba³⁴⁻³¹	企业自定的休息日
玻璃 bu⁵³⁻⁵⁵ li¹³⁻³¹	玻璃
塑料 sok⁵⁻³ liô¹³⁻⁴	塑料
礅砖 lok²³⁻¹¹ zoü⁵³⁻²³	砖块
砖头 zoü⁵³⁻⁵⁵ deu¹³⁻³¹	砖块

水泥 si³⁴⁻³³ ni¹³⁻⁴⁴ 水泥

油漆 ieu¹³⁻²² qiek⁵⁻⁴ 油漆

火油 hu³⁴⁻³³/fu³⁴⁻³³ ieu¹³⁻⁴⁴ 火油

汽油 qi³⁴⁻³³ ieu¹³⁻⁴⁴ 汽油

煤 mê¹³ 煤

柴油 sa¹³⁻²² ieu¹³⁻⁴⁴ 柴油

钢种 gang⁵³⁻⁵⁵ zong³⁴⁻³¹ 铝

金子 jin⁵³⁻⁵⁵ zi³⁴⁻³¹ 金子

银子 nin¹³⁻²² zi³⁴⁻⁴⁴ 银子

铜 dong¹³ 铜

白铁皮 bak²³⁻¹¹ tiek⁵⁻² bi¹³⁻²³ 镀锌铁皮

承包户 sen¹³⁻²² bô⁵³⁻⁵⁵ u¹³⁻³¹/vu¹³⁻³¹ 承包户

专业户 zoü⁵³⁻⁵⁵ niek²³⁻³³ u¹³⁻³¹/vu¹³⁻³¹ 专业户

猪棚 zi⁵³⁻⁵⁵ bang¹³⁻³¹ 猪圈

鱼塘 n¹³⁻²² dang¹³⁻⁴⁴ 鱼塘

肥料 vi¹³⁻²² liô¹³⁻⁴⁴ 肥料

农场 nong¹³⁻²² sang¹³⁻⁴⁴ 农场

捉鱼船 zok⁵⁻³ n¹³⁻⁵ soü¹³⁻³¹ 渔船

洋钉 iang¹³⁻²² ding⁵³⁻⁴⁴ 铁钉

锒头 lang¹³⁻²² deu¹³⁻⁴⁴ 锒头

尺 cak⁵ 尺

6. 服饰

布 bu³⁴ 布

绸 seu¹³ 绸

缎 doü¹³ 缎

羊毛 iang¹³⁻²² mô¹³⁻⁴⁴ 羊毛

麻 mo¹³ 麻

呢 ni¹³ 呢

料子 liô$^{13\text{-}22}$ zi$^{34\text{-}44}$		料子
夹里 gak$^{5\text{-}3}$ li$^{13\text{-}44}$		里子
绒线 niong$^{13\text{-}22}$ xi$^{34\text{-}44}$		毛线
绒线衫 niong$^{13\text{-}22}$ xi$^{34\text{-}55}$ sê$^{53\text{-}31}$		毛衣
羽绒 ü$^{13\text{-}22}$ niong$^{13\text{-}44}$		羽绒
皮 bi^{13}		皮
尼龙 ni$^{13\text{-}22}$ long$^{13\text{-}44}$		尼龙
衣裳 yi$^{53\text{-}55}$ sang$^{13\text{-}31}$		衣服
领头 lin$^{13\text{-}22}$ deu$^{13\text{-}44}$		领子
袖子管 xieu$^{13\text{-}22}$ zi$^{34\text{-}55}$ goü$^{34\text{-}31}$		袖管
袋袋 dê$^{13\text{-}22}$ dê$^{13\text{-}44}$		袋子
纽子 nieu$^{13\text{-}22}$ zi$^{34\text{-}44}$		纽扣
拉链 la$^{53\text{-}55}$ li$^{13\text{-}31}$		拉链
西装 xi$^{53\text{-}55}$ zang$^{53\text{-}31}$		西服
旗袍 qi$^{13\text{-}22}$ bô$^{13\text{-}44}$		旗袍
罩衫 zô$^{34\text{-}33}$ sê$^{53\text{-}44}$		外衣
大衣 da$^{13\text{-}22}$ yi$^{53\text{-}44}$		大衣
茄克衫 jia$^{13\text{-}22}$/ga$^{13\text{-}22}$ kak^{5} sê$^{53\text{-}31}$		茄克衫
裤子 ku$^{34\text{-}55}$ zi$^{34\text{-}31}$		裤子
牛仔裤 nieu$^{13\text{-}22}$ zê$^{34\text{-}55}$ ku$^{34\text{-}31}$		牛仔裤
裙子 jiong$^{13\text{-}22}$ zi$^{34\text{-}44}$		裙子
衬衫 cen$^{34\text{-}33}$ sê$^{53\text{-}44}$		衬衫
帽子 mô$^{13\text{-}22}$ zi$^{34\text{-}44}$		帽子
领带 lin$^{13\text{-}22}$ da$^{34\text{-}44}$		领带
皮带 bi$^{13\text{-}22}$ da$^{34\text{-}44}$		皮带
鞋子 a$^{13\text{-}22}$ zi$^{34\text{-}44}$		鞋
皮鞋 bi$^{13\text{-}22}$ a$^{13\text{-}44}$		皮鞋
袜子 mak$^{23\text{-}11}$ zi$^{34\text{-}23}$		袜子

围巾 ü¹³⁻²² jin⁵³⁻⁴⁴ 围巾
绢头 ju³⁴⁻³³ deu¹³⁻⁴⁴ 手绢儿
拎包 lin⁵³⁻⁵⁵ bô⁵³⁻³¹ 提包
皮夹子 bi¹³⁻²² gak⁵ zi³⁴⁻³¹ 皮夹子
戒指 ga³⁴⁻³³ zi³⁴⁻⁴⁴ 戒指
项链 ang¹³⁻²² li⁵³⁻⁴⁴ 项练

7. 食品

饭 vê¹³ 饭
粥 zok⁵ 粥
面 mi¹³ 面条
面条 mi¹³⁻²² diô¹³⁻⁴⁴ 面条
小菜 xiô³⁴⁻³³ cê³⁴⁻⁴⁴ 菜,菜肴
早饭 zô³⁴⁻³³ vê¹³⁻⁴⁴ 早饭
中饭 zong⁵³⁻⁵⁵ vê¹³⁻³¹ 午饭
夜饭 ia¹³⁻²² vê¹³⁻⁴⁴ 晚饭
点心 di³⁴⁻³³ xin⁵³⁻⁴⁴ 点心
酒水 jieu³⁴⁻³³ si³⁴⁻⁴⁴ 酒席
快餐 kua³⁴⁻³³ cê⁵³⁻⁴⁴ 快餐
炒面 cô³⁴⁻³³ mi¹³⁻⁴⁴ 炒面
豆腐浆 deu¹³⁻²² vu¹³⁻⁵⁵ jiang⁵³⁻³¹ 豆浆
油条 ieu¹³⁻²² diô¹³⁻⁴⁴ 油条
大饼 da¹³⁻²² bin³⁴⁻⁴⁴ 大饼,烧饼
馒头 moü¹³⁻²² deu¹³⁻⁴⁴ 馒头,包子
线粉 xi³⁴⁻³³ fen³⁴⁻⁴⁴ 粉丝
精肉 jin⁵³⁻⁵⁵ niok²³⁻³¹ 瘦肉
壮肉 zang³⁴⁻³³ niok²³⁻⁴ 肥肉
油肉 ieu¹³⁻²² niok²³⁻⁴ 肥肉
咸肉 ê¹³⁻²² niok²³⁻⁴ 咸肉

火腿 hu³⁴⁻³³/fu³⁴⁻³³ tê³⁴⁻⁴⁴		火腿
红烧肉 ong¹³⁻²² sô⁵³⁻⁵⁵ niok²³⁻³¹		红烧肉
插烧 cak⁵⁻³ sô⁵³⁻⁴⁴		叉烧肉
蛋 dê¹³		蛋
蛋黄 dê¹³⁻²² uang¹³⁻⁴⁴		蛋黄
蛋荒 dê¹³⁻²² huang⁵³⁻⁴⁴		蛋黄
蛋糕 dê¹³⁻²² gô⁵³⁻⁴⁴		蛋糕
精制油 jin⁵³⁻⁵⁵ zi³⁴⁻³³ ieu¹³⁻³¹		精制油
牛奶 nieu¹³⁻²² na¹³⁻⁴⁴		牛奶
咖哩 ga³⁴⁻³³ li⁴⁴		咖哩
味精 mi¹³⁻²² jin⁵³⁻⁴⁴		味精
鸡精 ji⁵³⁻⁵⁵ jin⁵³⁻³¹		鸡精
辣火(酱) lak²³⁻²² hu³⁴⁻²³/fu³⁴⁻²³(jiang³⁴⁻²³)		辣椒酱
盐 yi¹³		盐
醋 cu³⁴		醋
汤 tang⁵³		汤
面包 mi¹³⁻²² bô⁵³⁻⁴⁴		面包
饼干 bin³⁴⁻³³ goü⁵³⁻⁴⁴		饼干
糖 dang¹³		糖
酒 jieu³⁴		酒
老酒 lô¹³⁻²² jieu³⁴⁻⁴⁴		黄酒,绍兴酒
茶 so¹³		茶
冷饮 lang¹³⁻²² in³⁴⁻⁴⁴		冷饮
香烟 xiang⁵³⁻⁵⁵ yi⁵³⁻³¹		香烟

8. 器具

家具 ga⁵³⁻⁵⁵/jia⁵³⁻⁵⁵ ju¹³⁻³¹		家具
家生 ga⁵³⁻⁵⁵ sang⁵³⁻³¹		家具,工具
物事 mak²³⁻¹¹ si¹³⁻²³		东西,物

上海话	普通话
台子 dê$^{13-22}$ zi$^{34-44}$	桌子
凳子 den$^{34-33}$ zi$^{34-44}$	凳子
椅子 yi$^{34-33}$ zi$^{34-44}$	椅子
矮凳 a$^{34-33}$ den$^{53-44}$	小凳子,凳子
书橱 si$^{53-55}$ si$^{13-31}$	书橱
抽斗 ceu$^{53-55}$ deu$^{34-31}$	抽屉
箱子 xiang$^{53-55}$ zi$^{34-31}$	箱子
写字台 xia$^{34-33}$ si$^{13-55}$ dê$^{13-31}$	写字台
火表 hu$^{34-33}$/fu$^{34-33}$ biô$^{34-44}$	电度表
冰箱 bin$^{53-55}$ xiang$^{53-31}$	冰箱
空调 kong$^{53-55}$ diô$^{13-31}$	空调
煤气灶 mê$^{13-22}$ qi$^{34-55}$ zô$^{34-31}$	煤气灶
热水器 niek$^{\underline{23-11}}$ si$^{34-55}$ qi$^{34-23}$	热水器
微波炉 vi$^{13-22}$ bu$^{53-55}$ lu$^{13-31}$	微波炉
脱排机 tok$^{5-3}$ ba$^{13-55}$ ji$^{53-31}$	脱排油烟机
碗 oü^{34}	碗
调羹 diô$^{13-22}$ gang$^{53-31}$	调羹
筷子 kua$^{53-55}$/kuê$^{53-55}$ zi$^{34-31}$	筷子
饭抄 vê$^{13-22}$ cô$^{53-44}$	饭勺
砧墩板 zen$^{53-55}$ den$^{34-33}$ bê$^{34-31}$	砧板
刀 dô^{53}	刀
水壶 si$^{34-33}$ u$^{13-44}$	水壶
铜吊 dong$^{13-22}$ diô$^{34-44}$	水壶
茶杯 so$^{13-22}$ bê$^{53-44}$	茶杯
面盆 mi$^{13-22}$ ben$^{13-44}$	脸盆
床 sang^{13}	床
被头 bi$^{13-22}$ deu$^{13-44}$	被子
枕头 zen$^{34-33}$ deu$^{13-44}$	枕头

席子 xiek$^{23\text{-}11}$ zi$^{34\text{-}23}$	席子
沙发 so$^{53\text{-}55}$ fak$^{5\text{-}31}$	沙发
镜子 jin$^{34\text{-}33}$ zi$^{34\text{-}44}$	镜子
牙刷 nga$^{13\text{-}22}$ sak$^{5\text{-}4}$	牙刷
牙膏 nga$^{13\text{-}22}$ gô$^{53\text{-}44}$	牙膏
草纸 co$^{34\text{-}55}$ zi$^{34\text{-}31}$	草纸
毛巾 mô$^{13\text{-}22}$ jin$^{53\text{-}31}$	毛巾
木梳 mok$^{23\text{-}11}$ si$^{53\text{-}23}$	梳子
扫帚 sô$^{34\text{-}55}$ zeu$^{34\text{-}31}$	扫帚
拖畚 tu$^{53\text{-}55}$ fen$^{34\text{-}31}$	拖把
畚箕 ben$^{53\text{-}55}$ /fen$^{53\text{-}55}$ ji$^{34\text{-}31}$	簸箕
电灯 di$^{13\text{-}22}$ den$^{53\text{-}44}$	电灯
电风扇 di$^{13\text{-}22}$ fong$^{53\text{-}55}$ soü$^{34\text{-}31}$	电风扇
电烫斗 di$^{13\text{-}22}$ tang$^{53\text{-}55}$ deu$^{34\text{-}31}$	电熨斗
电熨斗 di$^{13\text{-}22}$ iong$^{13\text{-}55}$ deu$^{34\text{-}31}$	电熨斗
电视机 di$^{13\text{-}22}$ si$^{13\text{-}55}$ ji$^{53\text{-}31}$	电视机
彩电 cê$^{34\text{-}33}$ di$^{13\text{-}44}$	彩电
电脑 di$^{13\text{-}22}$ nô$^{13\text{-}44}$	电脑
照相机 zô$^{34\text{-}33}$ xiang$^{34\text{-}55}$ ji$^{53\text{-}31}$	照相机
钟 zong^{53}	钟
手表 seu$^{34\text{-}33}$ biô$^{34\text{-}44}$	手表
眼镜 ngê$^{13\text{-}22}$ jin$^{34\text{-}44}$	眼镜
秤 cen^{34}	秤
阳伞 iang$^{13\text{-}22}$ sê$^{34\text{-}44}$	伞
夹子 gak$^{5\text{-}3}$ zi$^{34\text{-}44}$	夹子
盒子 ak$^{23\text{-}11}$ zi$^{34\text{-}23}$	盒子
绳子 sen$^{13\text{-}22}$ zi$^{34\text{-}44}$	绳子
带子 da$^{34\text{-}33}$ zi$^{34\text{-}44}$	带子

9. 建筑

新公房 xin⁵³⁻⁵⁵ gong⁵³⁻³³ vang¹³⁻³¹	新公房（新村住宅区房屋）
高层 gô⁵³⁻⁵⁵ sen¹³⁻³¹	高层楼房
弄堂房子 long¹³⁻²² dang¹³⁻⁵⁵ vang¹³⁻³³ zi³⁴⁻³¹	里弄旧式房屋
楼梯 leu¹³⁻²² ti⁵³⁻⁴⁴	楼梯
扶梯 vu¹³⁻²² ti⁵³⁻⁴⁴	梯子
电梯 di¹³⁻²² ti⁵³⁻⁴⁴	电梯
自动扶梯 si¹³⁻²² dong¹³⁻⁵⁵ vu¹³⁻³³ ti⁵³⁻³¹	自动电梯
大门 du¹³⁻²² men¹³⁻⁴⁴	大门
门房间 men¹³⁻²² vang¹³⁻⁵⁵ gê⁵³⁻³¹	门房
地板 di¹³⁻²² bê³⁴⁻⁴⁴	地板
阳台 iang¹³⁻²² dê¹³⁻⁴⁴	阳台
栏杆 lê¹³⁻²² goü⁵³⁻⁴⁴	栏杆
墙壁 xiang¹³⁻²² biek⁵	墙壁
客厅 kak⁵⁻³ tin⁵³⁻⁴⁴	客厅
一室户 iek⁵⁻³ sak⁵ u¹³⁻³¹ /vu¹³⁻³¹	只有一个房间的单元
厨房间 si¹³⁻²² vang¹³⁻⁵⁵ gê⁵³⁻³¹	厨房
卫生间 uê¹³⁻²² sen⁵³⁻⁵⁵ gê⁵³⁻³¹	卫生间
水龙头 si³⁴⁻³³ long¹³⁻⁵⁵ deu¹³⁻³¹	水龙头
浴缸 iok²³⁻¹¹ gang⁵³⁻²³	浴缸
冲淋房 cong⁵³⁻⁵⁵ lin¹³⁻³³ vang¹³⁻³¹	冲淋房
天井 ti⁵³⁻⁵⁵ jin³⁴⁻³¹	天井，院子
走廊 zeu³⁴⁻³³ lang¹³⁻⁴⁴	走廊
图书馆 du¹³⁻²² si⁵³⁻⁵⁵ goü³⁴⁻³¹	图书馆
博物馆 bok⁵⁻³ vak²³⁻⁵ goü³⁴⁻³¹	博物馆
美术馆 mê³⁴⁻³³ sak²³⁻⁵ goü³⁴⁻³¹	美术馆

剧场 jiek²³⁻¹¹ sang¹³⁻²³   剧场

电影院 di¹³⁻²² in¹³⁻⁵⁵ ü¹³⁻³¹   电影院

俱乐部 ju¹³⁻²² lok²³⁻⁵ bu¹³⁻³¹   俱乐部

纪念馆 ji³⁴⁻⁵⁵ ni¹³⁻³³/nie¹³⁻³³/ne¹³⁻³³ goü³⁴⁻³¹   纪念馆

敬老院 jin³⁴⁻³³ lô¹³⁻⁵⁵ ü¹³⁻³¹   敬老院

庙 miô¹³   庙

教堂 jiô³⁴⁻³³ dang¹³⁻⁴⁴   教堂

清真寺 qin⁵³⁻⁵⁵ zen⁵³⁻³³ si¹³⁻³¹   清真寺

宝塔 bô³⁴⁻³³ tak⁵⁻⁴   宝塔

食堂 sak²³⁻¹¹ dang¹³⁻²³   食堂

饭厅 vê¹³⁻²² tin⁵³⁻⁴⁴   饭厅

宿舍 sok⁵⁻³ so³⁴⁻⁴⁴/soü³⁴⁻⁴⁴   宿舍

寝室 qin³⁴⁻³³ sak⁵   寝室

厕所 ci³⁴⁻³³ su³⁴⁻⁴⁴   厕所

电线木头 di¹³⁻²² xi³⁴⁻⁵⁵ mok²³⁻²¹ deu¹³⁻³¹   电线杆

红绿灯 ong¹³⁻²² lok²³⁻⁵ den⁵³⁻³¹   交通信号灯

阴沟 in⁵³⁻⁵⁵ geu⁵³⁻³¹   阴沟

公墓 gong⁵³⁻⁵⁵ mu¹³⁻³¹   公墓

火葬场 hu³⁴⁻³³/fu³⁴⁻³³ zang³⁴⁻⁵⁵ sang¹³⁻³¹   火葬场

10. 身体、疾病

面孔 mi¹³⁻²² kong³⁴⁻⁴⁴   脸

长相 zang³⁴⁻³³ xiang³⁴⁻⁴⁴   长相

身材 sen⁵³⁻⁵⁵ sê¹³⁻³¹   身材

条杆 diô¹³⁻²² goü³⁴⁻⁴⁴   身材（流行语）

卖相 ma¹³⁻²² xiang³⁴⁻⁴⁴   长相，样子

样子 iang¹³⁻²² zi³⁴⁻⁴⁴   样子

额角头 ngak²³⁻¹¹ gok⁵⁻² deu¹³⁻²³   额头

眼睛 ngê¹³⁻²² jin⁵³⁻⁴⁴   眼睛

眼乌珠 ngê¹³⁻²² u⁵³⁻⁵⁵ zi⁵³⁻³¹	眼球
眉毛 mi¹³⁻²² mô¹³⁻⁴⁴	眉毛
鼻头 biek²³⁻¹¹ deu¹³⁻²³	鼻子
鼻头管 biek²³⁻¹¹ deu¹³⁻²² goü³⁴⁻²³	鼻孔
耳朵 ni¹³⁻²² du³⁴⁻⁴⁴	耳朵
嘴巴 zi³⁴⁻³³ bo⁵³⁻⁴⁴	嘴
小腿 xiô³⁴⁻³³ tê³⁴⁻⁴⁴	小腿
脚 jiek⁵	脚
手 seu³⁴	手
手节头 seu³⁴⁻³³ jiek⁵ deu¹³⁻³¹	手指
节掐 jiek⁵⁻³ kak⁵	指甲
指掐 zi³⁴⁻³³ kak⁵	指甲
舌头 sak²³⁻¹¹ deu¹³⁻²³	舌头
牙齿 nga¹³⁻²² ci³⁴⁻⁴⁴	牙齿
下爬 o¹³⁻²² bo¹³⁻⁴⁴	下巴
胡咙 u¹³⁻²²/vu¹³⁻²² long¹³⁻⁴⁴	喉咙
肩架 ji⁵³⁻⁵⁵ ga³⁴⁻³¹	肩胛
臂把 bi³⁴⁻³³ bo³⁴⁻⁴⁴	手臂
脚馒头 jiek⁵⁻³ moü¹³⁻⁵⁵ deu¹³⁻³¹	膝盖
心 xin⁵³	心
肺 fi³⁴	肺
胃 uê¹³	胃
肝 goü⁵³	肝
皮肤 bi¹³⁻²² fu⁵³⁻⁴⁴	皮肤
汗毛 oü¹³⁻²² mô¹³⁻⁴⁴	汗毛
肋排骨 lak²³⁻¹¹ ba¹³⁻²² guek/guok⁵⁻²³	肋骨
肚皮 du¹³⁻²² bi¹³⁻⁴⁴	肚子
医院 yi⁵³⁻⁵⁵ ü¹³⁻³¹	医院

心脏病 xin⁵³⁻⁵⁵ sang¹³⁻³³ bin¹³⁻³¹ 心脏病

高血压 gô⁵³⁻⁵⁵ xuek⁵⁻³/xiok⁵⁻³ ak⁵⁻³¹ 高血压

伤风 sang⁵³⁻⁵⁵ fong⁵³⁻³¹ 伤风

风湿 fong⁵³⁻⁵⁵ sak⁵⁻³¹ 风湿

癌 ngê¹³ 癌

橡皮胶 xiang¹³⁻²² bi¹³⁻⁵⁵ gô⁵³⁻³¹ 橡皮胶

创可贴 cang³⁴⁻³³ ku³⁴⁻⁵⁵ tiek⁵⁻³¹ 创可贴

药水 iek²³⁻¹¹ si³⁴⁻²³ 药水

药片 iek²³⁻¹¹ pi³⁴⁻²³ 药片

药膏 iek²³⁻¹¹ gô⁵³⁻²³ 药膏

补药 bu³⁴⁻³³ iek²³⁻⁴ 补药

纱布 so⁵³⁻⁵⁵ bu³⁴⁻³¹ 纱布

药房 iek²³⁻¹¹ vang¹³⁻²³ 药房

11. 商贸

钞票 cô⁵³⁻⁵⁵ piô³⁴⁻³¹ 钞票

铜钿 dong¹³⁻²² di¹³⁻⁴⁴ 钱

分 fen⁵³ 钱(流行语)

本钿 ben³⁴⁻³³ di¹³⁻⁴⁴ 本钱

回扣 uê¹³⁻²² keu³⁴⁻⁴⁴ 回扣

毛利 mô¹³⁻²² li¹³⁻⁴⁴ 毛利润

纯利 sen¹³⁻²² li¹³⁻⁴⁴ 纯利润

开销 kê⁵³⁻⁵⁵ xiô⁵³⁻³¹ 开支

税 sê³⁴ 税

行情 ang¹³⁻²² xin¹³⁻⁴⁴ 行情

发票 fak⁵⁻³ piô³⁴⁻⁴⁴ 发票

支票 zi⁵³⁻⁵⁵ piô³⁴⁻³¹ 支票

股票 gu³⁴⁻³³ piô³⁴⁻⁴⁴ 股票

债券 za³⁴⁻³³ qu³⁴⁻⁴⁴ 债券

贷款 dê¹³⁻²² koü³⁴⁻⁴⁴		贷款
外汇 nga¹³⁻²² uê¹³⁻⁴⁴		外汇
银行 nin¹³⁻²² ang¹³⁻⁴⁴		银行
办公室 bê¹³⁻²² gong⁵³⁻⁵⁵ sak⁵⁻²¹		办公室
生意 sang⁵³⁻⁵⁵ yi³⁴⁻³¹		生意,买卖
价钿 ga³⁴⁻³³ di¹³⁻⁴⁴		价钱
柜台 ju¹³⁻²² de¹³⁻⁴⁴		柜台
商场 sang⁵³⁻⁵⁵ sang¹³⁻³¹		商场
超市 cô⁵³⁻⁵⁵ si¹³⁻³¹		超市
店 di³⁴		店
酒吧 jieu³⁴⁻³³ ba⁵³⁻⁴⁴		酒吧
大路货 da¹³⁻²² lu¹³⁻⁵⁵ hu³⁴⁻³¹		一般的货物
大兴货 da¹³⁻²² xin⁵³⁻⁵⁵ hu³⁴⁻³¹		次品,非正宗货
落脚货 lok²³⁻¹¹ jiek⁵⁻² hu³⁴⁻²³		挑剩下的货品
陈货 sen¹³⁻²² hu³⁴⁻⁴⁴		存放时间长的货品
品牌 pin³⁴⁻³³ ba¹³⁻⁴⁴		品牌

12. 交通

行李 ang¹³⁻²² li¹³⁻⁴⁴		行李
旅馆 lü¹³⁻²² goü³⁴⁻⁴⁴		旅馆
招待所 zô⁵³⁻⁵⁵ dê¹³⁻³³ su³⁴⁻³¹		招待所
宾馆 bin⁵³⁻⁵⁵ goü³⁴⁻³¹		宾馆
火车 hu³⁴⁻³³/fu³⁴⁻³³ co⁵³⁻⁴⁴		火车
硬席 ngang¹³⁻²² xiek²³⁻⁴		硬席
软席 nü¹³⁻²² xiek²³⁻⁴		软席
硬卧 ngang¹³⁻²² ngu¹³⁻⁴⁴		硬卧
软卧 nü¹³⁻²² ngu¹³⁻⁴⁴		软卧
客轮 kak⁵⁻³ len¹³⁻⁴⁴		客轮

三等舱 sê⁵³⁻⁵⁵ den³⁴⁻³³ cang⁵³⁻³¹ 　　　　三等舱

慢车 mê¹³⁻²² co⁴⁴ 　　　　慢车

特快 dak²³⁻¹¹ kua³⁴⁻²³ 　　　　特快（列车）

车票 co⁵³⁻⁵⁵ piô³⁴⁻³¹ 　　　　车票

船票 soü¹³⁻²² piô³⁴⁻⁴⁴ 　　　　船票

飞机票 fi⁵³⁻⁵⁵ ji⁵³⁻³³ piô³⁴⁻³¹ 　　　　飞机票

月台 üek²³/iok²³ dê¹³⁻²³ 　　　　月台

轿车 jiô¹³⁻²² co⁵³⁻⁴⁴ 　　　　轿车

差头 ca⁵³⁻⁵⁵ deu¹³⁻³¹ 　　　　出租车

地铁 di¹³⁻²² tiek⁵⁻⁴ 　　　　地铁

轻轨 qin⁵³⁻⁵⁵ guê³⁴⁻³¹ 　　　　轻轨

外环线 nga¹³⁻²² guê¹³⁻⁵⁵ xi³⁴⁻³¹ 　　　　外环线

内环线 nê¹³⁻²² guê¹³⁻⁵⁵ xi³⁴⁻³¹ 　　　　内环线

高架路 gô⁵³⁻⁵⁵ ga³⁴⁻³³ lu¹³⁻³¹ 　　　　高架道路

脚踏车 jiek⁵⁻³ dak²³⁻⁵ co⁵³⁻³¹ 　　　　自行车

助动车 su¹³⁻²² dong¹³⁻⁵⁵ co⁵³⁻³¹ 　　　　助动车

空调车 kong⁵³⁻⁵⁵ diô¹³⁻³³ co⁵³⁻³¹ 　　　　空调车

三轮车 sê⁵³⁻⁵⁵ len¹³⁻³³ co⁵³⁻³¹ 　　　　三轮车

黄鱼车 uang¹³⁻²² n¹³⁻⁵⁵ co⁵³⁻³¹ 　　　　载货三轮车

牌照 ba¹³⁻²² zô³⁴⁻⁴⁴ 　　　　牌照

车站 co⁵³⁻⁵⁵ sê¹³⁻³¹ 　　　　车站

车胎 co⁵³⁻⁵⁵ tê⁵³⁻³¹ 　　　　车胎

轮盘 len¹³⁻²² boü¹³⁻⁴⁴ 　　　　轮子

13. 文化

书 si⁵³ 　　　　书

小书 xiô³⁴⁻³³ si⁵³⁻⁴⁴ 　　　　连环画小人书

阅览室 iok²³⁻¹¹ lê¹³⁻²² sak⁵⁻²³ 　　　　阅览室

借书卡 jia³⁴⁻³³ si⁵³⁻⁵⁵ ka³⁴⁻³¹ 　　　　借书卡

复制品 fok⁵⁻³ zi³⁴⁻⁵⁵ pin³⁴⁻³¹	复制品
复印机 fok⁵⁻³ in³⁴⁻⁵⁵ ji⁵³⁻³¹	复印机
书法 si⁵³⁻⁵⁵ fak⁵⁻³¹	书法
油画 ieu¹³⁻²² o¹³⁻⁴⁴	油画
国画 kok⁵⁻³ o¹³⁻⁴⁴	国画
小说 xiô³⁴⁻³³ sak⁵	小说
诗 si⁵³	诗
散文 sê³⁴⁻³³ uen¹³⁻⁴⁴	散文
魔术 mo¹³⁻²² sak²³⁻⁴	魔术
杂技 sak²³⁻¹¹ ji¹³⁻²³	杂技
话剧 o¹³⁻²² jiek²³⁻⁴	话剧
歌剧 gu⁵³⁻⁵⁵ jiek²³⁻³¹	歌剧
芭蕾舞 ba⁵³⁻⁵⁵ lê¹³⁻³³ u¹³⁻³¹	芭蕾舞
经典音乐 jin⁵³⁻⁵⁵ di³⁴⁻³³ in⁵³⁻³³ iek²³⁻³¹	经典音乐
交响乐 jiô⁵³⁻⁵⁵ xiang³⁴⁻³³ iek²³⁻³¹	交响乐
轻音乐 qin⁵³⁻⁵⁵ in⁵³⁻³³ iek²³⁻³¹	轻音乐
小夜曲 xiô³⁴⁻³³ ia¹³⁻⁵⁵ qiok⁵⁻³¹	小夜曲
钢琴 gang⁵³⁻⁵⁵ jin¹³⁻³¹	钢琴
小提琴 xiô³⁴⁻³³ di¹³⁻⁵⁵ jin¹³⁻³¹	小提琴
胡琴 u¹³⁻²²/vu¹³⁻²² jin¹³⁻⁴⁴	胡琴
手风琴 seu³⁴⁻³³ fong⁵³⁻⁵⁵ jin¹³⁻³¹	手风琴
口琴 keu³⁴⁻³³ jin¹³⁻⁴⁴	口琴
琵琶 bi¹³⁻²² bo¹³⁻⁴⁴	琵琶
象棋 xiang¹³⁻²² ji¹³⁻⁴⁴	象棋
围棋 uê¹³⁻²² ji¹³⁻⁴⁴	围棋
扑克 pok⁵ kak⁵⁻³¹	扑克
民歌 min¹³⁻²² gu⁵³⁻⁴⁴	民歌
菩萨 bu¹³⁻²² sak⁵	菩萨

上帝 sang¹³⁻²² di³⁴⁻⁴⁴	上帝
运道 ün¹³⁻²²/iong¹³⁻²² dô¹³⁻⁴⁴	运气
魂灵 uen¹³⁻²² lin¹³⁻⁴⁴	灵魂
鬼 ju³⁴	鬼
神仙 sen¹³⁻²² xi⁵³⁻⁴⁴	神仙
电台 di¹³⁻²² dê¹³⁻⁴⁴	电台
电视台 di¹³⁻²² si¹³⁻⁵⁵ dê¹³⁻³¹	电视台
新闻 xin⁵³⁻⁵⁵ uen¹³⁻³¹	新闻
报纸 bô³⁴⁻³³ zi³⁴⁻⁴⁴	报纸
夜报 ia¹³⁻²² bô³⁴⁻⁴⁴	晚报
早操 zô³⁴⁻³³ cô⁵³⁻⁴⁴	早操
工间操 gong⁵³⁻⁵⁵ ji¹³⁻³³ cô⁵³⁻³¹	工间操
太极拳 ta³⁴⁻³³ jiek²³⁻⁵ ju¹³⁻³¹	太极拳
象棋 xiang¹³⁻²² ji¹³⁻⁴⁴	象棋
围棋 uê¹³⁻²² ji¹³⁻⁴⁴	围棋
足球 zok⁵⁻³ jieu¹³⁻⁴⁴	足球
排球 ba¹³⁻²² jieu¹³⁻⁴⁴	排球
篮球 lê¹³⁻²² jieu¹³⁻⁴⁴	篮球
乒乓球 pin⁵³⁻⁵⁵ pang⁵³⁻³³ jieu¹³⁻³¹	乒乓球
保龄球 bô³⁴⁻³³ lin¹³⁻⁵⁵ jieu¹³⁻³¹	保龄球
奖品 jiang³⁴⁻³³ pin³⁴⁻⁴⁴	奖品
奖状 jiang³⁴⁻³³ sang¹³⁻⁴⁴	奖状
奖杯 jiang³⁴⁻³³ bê⁵³⁻⁴⁴	奖杯
网吧 mang¹³⁻²² ba⁵³⁻⁴⁴	网吧
陶吧 dô¹³⁻²² ba⁵³⁻⁴⁴	陶器制作游乐店
摄影 sak⁵⁻³ in³⁴⁻⁴⁴	摄影
俱乐部 ju¹³⁻²² lok²³⁻⁵ bu¹³⁻³¹	俱乐部
游乐场 ieu¹³⁻²² lok²³⁻⁵ sang¹³⁻³¹	游乐场

14. 教育

学堂 ok$^{23\text{-}11}$ dang$^{13\text{-}23}$	学校
小学 xiô$^{34\text{-}33}$ ok$^{23\text{-}4}$	小学
初中 cu$^{53\text{-}55}$ zong$^{53\text{-}31}$	初中
高中 gô$^{53\text{-}55}$ zong$^{53\text{-}31}$	高中
大专 da$^{13\text{-}22}$ zoü$^{53\text{-}44}$	大专
大学 da$^{13\text{-}22}$ ok$^{23\text{-}4}$	大学
中专 zong$^{53\text{-}55}$ zoü$^{53\text{-}31}$	中专
技校 ji$^{13\text{-}22}$ iô$^{13\text{-}44}$	技校
本科 ben$^{34\text{-}33}$ ku$^{53\text{-}44}$	本科(大学本科)
硕士 sak$^{13\text{-}22}$ si$^{13\text{-}44}$	硕士
博士 bok$^{5\text{-}3}$ si$^{13\text{-}44}$	博士
文凭 ven$^{13\text{-}32}$ bin$^{13\text{-}44}$	文凭
教材 jiô$^{34\text{-}33}$ sê$^{13\text{-}44}$	教材
字典 si$^{13\text{-}22}$ di$^{34\text{-}44}$	字典
词典 si$^{13\text{-}22}$ di$^{34\text{-}44}$	词典
簿子 bu$^{13\text{-}22}$ zi$^{34\text{-}44}$	本子
作文簿 zok$^{5\text{-}3}$ ven$^{13\text{-}55}$ bu$^{13\text{-}31}$	作文本
语文 nü$^{13\text{-}22}$ ven$^{13\text{-}44}$	语文
数学 su$^{34\text{-}33}$ iek$^{23\text{-}4}$	数学
物理 vak$^{23\text{-}11}$ li$^{13\text{-}23}$	物理
化学 ho$^{34\text{-}33}$ iek$^{23\text{-}4}$	化学
外语 nga$^{13\text{-}22}$ nü$^{13\text{-}44}$	外语
历史 liek$^{23\text{-}11}$ si$^{34\text{-}23}$	历史
地理 di$^{13\text{-}22}$ li$^{13\text{-}44}$	地理
哲学 zak$^{5\text{-}3}$ iek$^{23\text{-}4}$	哲学
教室 jiô$^{34\text{-}33}$ sak$^{5\text{-}4}$	教室
班级 bê$^{53\text{-}55}$ jiek$^{5\text{-}31}$	班级

考试 kô³⁴⁻³³ si³⁴⁻⁴⁴ 　　　　　考试

自学 si¹³⁻²² ok²³⁻⁴ 　　　　　自学

黑板 hak⁵⁻³ bê³⁴⁻⁴⁴ 　　　　　黑板

钢笔 gang⁵³⁻⁵⁵ biek⁵⁻³¹ 　　　　钢笔

圆珠笔 ü¹³⁻²² zi⁵³⁻⁵⁵ biek⁵⁻³¹ 　　圆珠笔

铅笔 kê⁵³⁻⁵⁵ biek⁵⁻³¹ 　　　　　铅笔

墨水 mak²³⁻¹¹ si³⁴⁻²³ 　　　　　墨水

学费 ok²³⁻¹¹ fi³⁴⁻²³ 　　　　　学费

同学 dong¹³⁻²² ok²³⁻⁴ 　　　　同学

成人教育 sen¹³⁻²² nin¹³⁻⁵⁵ jiô³⁴⁻³³ iok²³ 　成人教育

职校 zak⁵⁻³ iô¹³⁻⁴⁴ 　　　　　职业学校

电大 di¹³⁻²² da¹³⁻⁴⁴ 　　　　　电视大学

15. 职业

职业 zak⁵⁻³ niek²³⁻⁴ 　　　　　职业

职称 zak⁵⁻³ cen⁵³⁻⁴⁴ 　　　　　职称

职工 zak⁵⁻³ gong⁵³⁻⁴⁴ 　　　　职工

农民 nong¹³⁻²² min¹³⁻⁴⁴ 　　　　农民

干部 goü³⁴⁻³³ bu¹³⁻⁴⁴ 　　　　　干部

教师 jiô³⁴⁻³³ si⁵³⁻⁴⁴ 　　　　　教师

老师 lô¹³⁻²² si⁵³⁻⁴⁴ 　　　　　老师

医生 yi⁵³⁻⁵⁵ sang⁵³⁻³¹ 　　　　医生

护士 u¹³⁻²²/vu¹³⁻²² si¹³⁻⁴⁴ 　　　护士

校长 iô¹³⁻²² zang³⁴⁻⁴⁴ 　　　　校长

厂长 cang³⁴⁻³³ zang³⁴⁻⁴⁴ 　　　　厂长

董事长 dong³⁴⁻³³ si¹³⁻⁵⁵ zang³⁴⁻³¹ 　董事长

企业家 qi³⁴⁻³³ niek²³⁻⁵ jia⁵³⁻³¹ 　　企业家

业主 niek²³⁻¹¹ zi³⁴⁻²³ 　　　　　业主

法人代表 fak⁵⁻³ nin¹³⁻⁴⁴ dê¹³⁻²² biô³⁴⁻⁴⁴ 　法人代表

教授 jiô³⁴⁻³³ seu¹³⁻⁴⁴	教授
研究员 ni⁵³⁻⁵⁵ jieu³⁴⁻³³ ü¹³⁻³¹	研究员
讲师 gang³⁴⁻³³ si⁵³⁻⁴⁴	讲师
工程师 gong⁵³⁻⁵⁵ sen¹³⁻³³ si⁵³⁻³¹	工程师
学生 ok²³⁻¹¹ sang⁵³⁻²³	学生
学生子 ok²³⁻¹¹ sang⁵³⁻²² zi³⁴⁻²³	学生
合同工 ak²³⁻¹¹ dong¹³⁻²² gong⁵³⁻²³	合同工
售票员 seu¹³⁻²² piô³⁴⁻⁵⁵ ü¹³⁻³¹	售票员
卖票员 ma¹³⁻²² piô³⁴⁻⁵⁵ ü¹³⁻³¹	售票员
司机 si⁵³⁻⁵⁵ ji⁵³⁻³¹	司机
营业员 in¹³⁻²² niek²³⁻⁵ ü¹³⁻³¹	营业员
木匠 mok²³⁻¹¹ xiang¹³⁻⁴⁴	木匠
皮匠 bi¹³⁻²² xiang¹³⁻⁴⁴	皮匠
泥水匠 ni¹³⁻²² si³⁴⁻⁵⁵ xiang¹³⁻⁴⁴	泥水匠
剃头师傅 ti³⁴⁻³³ deu¹³⁻⁵⁵ si⁵³⁻³³ vu¹³⁻³¹	理发师
饭司务 vê¹³⁻²² si⁵³⁻⁵⁵ vu¹³⁻³¹	厨师
电工 di¹³⁻²² gong⁵³⁻⁴⁴	电工
服务员 vok²³⁻¹¹ vu¹³⁻²² ü¹³⁻²³	服务员
保姆 bô³⁴⁻³³ mu¹³⁻⁴⁴	保姆
钟点工 zong⁵³⁻⁵⁵ di³⁴⁻³³ gong⁵³⁻³¹	钟点工(约定时间上门服务的家政服务员)
演员 yi³⁴⁻³³ ü¹³⁻⁴⁴	演员
老板 lô¹³⁻²² bê³⁴⁻⁴⁴	老板
秘书 bi³⁴⁻³³ si⁵³⁻⁴⁴	秘书
密书 miek²³⁻¹¹ si⁵³⁻²³	秘书
作家 zok⁵⁻³ jia⁵³⁻⁴⁴	作家
记者 ji³⁴⁻³³ zê³⁴⁻⁴⁴	记者

编辑 bi⁵³⁻⁵⁵ qiek⁵⁻³¹		编辑
导游 dô¹³⁻²² ieu¹³⁻⁴⁴		导游
警察 jin³⁴⁻³³ cak⁵⁻⁴		警察
局长 jiok²³⁻¹¹ zang³⁴⁻²³		局长
区长 qu⁵³⁻⁵⁵ zang³⁴⁻³¹		区长
刮皮鬼 guak⁵⁻³ bi¹³⁻⁵⁵ ju³⁴⁻³¹		吝啬,只"进"不"出"的人(贬称)
铳手 cong³⁴⁻³³ seu³⁴⁻⁴⁴		扒手
三只手 sê⁵³⁻⁵⁵ zak⁵⁻³ seu³⁴⁻³¹		扒手
小偷 xiô³⁴⁻³³ teu⁵³⁻⁴⁴		小偷
贼骨头 sak²³⁻¹¹ guok⁵⁻² deu¹³⁻²³		小偷
阿戆 a³³ gang¹³⁻⁴⁴		傻瓜
寿头 seu¹³⁻²² deu¹³⁻⁴⁴		傻瓜
山朗下来㗩 sê⁵³⁻⁵⁵ lang¹³⁻³¹ o¹³⁻²² lê¹³⁻⁴⁴ gak³¹		"山上下来的"指坐过牢的人,刑满释放分子(流行语)

16. 称谓、交往

爷 ya¹³		父亲
爸爸 ba⁵⁵ ba³¹		爸爸
阿伯 ak³ bak⁵⁻⁴		父亲(称呼)
爹爹 dia⁵⁵ dia³¹		父亲(称呼)
娘 niang¹³		母亲
妈妈 ma⁵⁵ ma³¹		妈妈
姆妈 m⁵⁵ ma³¹		母亲(称呼)
爷爷 ya¹³⁻²² ya¹³⁻⁴⁴		祖父
阿公 ak³ gong⁵³⁻⁴⁴		祖父

老爹 lô¹³⁻²² dia⁵³⁻⁴⁴	祖父
阿奶 ak³ na¹³⁻⁴⁴	祖母
奶奶 nê¹³⁻²² nê¹³⁻⁴⁴	祖母
阿婆 a⁵⁵ bu¹³⁻³¹	祖母或对老年妇女之敬称
外公 nga¹³⁻²² gong⁵³⁻⁴⁴	外祖父
外婆 nga¹³⁻²² bu¹³⁻⁴⁴	外祖母
夫妻 fu⁵³⁻⁵⁵ qi⁵³⁻³¹	夫妻
爱人 ê³⁴⁻³³ nin¹³⁻⁴⁴	夫或妻
男人 noü¹³⁻²² /nê¹³⁻²² nin¹³⁻⁴⁴	丈夫
先生 xi⁵³⁻⁵⁵ sang⁵³⁻³¹	丈夫
女人 nü¹³⁻²² nin¹³⁻⁴⁴	妻
夫人 fu⁵³⁻⁵⁵ nin¹³⁻³¹	妻
老婆 lô¹³⁻²² bu¹³⁻⁴⁴	妻
屋里厢 ok⁵⁻³ li¹³⁻⁵ xiang³⁴⁻³¹	夫或妻
老头 lô³⁵ deu¹³⁻³¹	夫（昵称）
老太婆 lô¹³⁻²² ta³⁴⁻⁵⁵ bu¹³⁻³¹	妻（昵称），老妇人
尼（儿）子 ni¹³⁻²² zi³⁴⁻⁴⁴	儿子
囡嗯（儿）noü¹³⁻²² n¹³⁻⁴⁴	女儿
姐妹 ji³⁴⁻³³ mê¹³⁻⁴⁴	姐妹
姊妹 zi³⁴⁻³³ mê¹³⁻⁴⁴	姐妹
阿哥 ak³³ gu⁵³⁻⁴⁴	哥哥
阿姐 ak³³ jia³⁴⁻⁴⁴	姐姐
姐姐 jia³⁴⁻³³ jia³⁴⁻⁴⁴	姐姐
阿弟 ak³³ di¹³⁻⁴⁴	弟弟
弟弟 di¹³⁻²² di¹³⁻⁴⁴	弟弟
阿妹 ak³³ mê¹³⁻⁴⁴	妹妹

妹妹 mê¹³⁻²² mê¹³⁻⁴⁴	妹妹
伯伯 bak⁵⁻³ bak⁵⁻⁴	伯父
爷叔 ya¹³⁻²² sok⁵	叔父或对年长男子之敬称
姑妈 gu⁵³⁻⁵⁵ ma³¹	姑母
孃孃 niang⁵³⁻⁵⁵ niang⁵³⁻³¹	姑姑（父之妹）
娘舅 niang¹³⁻²² jieu¹³⁻⁴⁴	舅舅
舅舅 jieu¹³⁻²² jieu¹³⁻⁴⁴	舅舅
公公 gong⁵³⁻⁵⁵ gong⁵³⁻³¹	夫之父
阿婆 ak³³ bu¹³⁻⁴⁴	夫之母
丈姆娘 sang¹³⁻²² m¹³⁻⁵⁵ niang¹³⁻³¹	妻之母
丈人 sang¹³⁻²² nin¹³⁻⁴⁴	妻之父
毛脚女婿 mô¹³⁻²² jiek⁵ nü¹³⁻³³ xü³⁴⁻³¹	女儿的未婚夫
新娘子 xin⁵³⁻⁵⁵ niang¹³⁻³³ zi³⁴⁻³¹	新娘
新官人 xin⁵³⁻⁵⁵ goü⁵³⁻³³ nin¹³⁻³¹	新郎
新妇 xin⁵³⁻⁵⁵ vu¹³⁻³¹	媳妇
女婿 nü¹³⁻²² xi³⁴⁻⁴⁴/xü³⁴⁻⁴⁴	女婿
侄子 sak¹³⁻²² zi³⁴⁻⁴⁴	侄子
侄囡 sak¹³⁻²² noü¹³⁻⁴⁴	侄女
外甥 nga¹³⁻²² sang⁵³⁻⁴⁴	外甥、外孙
外甥囡 nga¹³⁻²² sang⁵³⁻⁵⁵ noü¹³⁻³¹	外甥女、外孙女
孙子 sen⁵³⁻⁵⁵ zi³⁴⁻³¹	孙子
孙囡 sen⁵³⁻⁵⁵ noü¹³⁻³¹	孙女
小姑娘 xiô³⁴⁻³³ gu⁵³⁻⁵⁵ niang¹³⁻³¹	小姑娘、少女
老姑娘 lô¹³⁻²² gu⁵³⁻⁵⁵ niang¹³⁻³¹	老处女
男朋友 noü¹³⁻²² bang¹³⁻⁵⁵ ieu¹³⁻³¹	女子的恋爱对象
女朋友 nü¹³⁻²² bang¹³⁻⁵⁵ ieu¹³⁻³¹	男子的恋爱对象

小囡 xiô³⁴⁻³³ noü¹³⁻⁴⁴	小孩儿、孩子
小人 xiô³⁴⁻³³ nin¹³⁻⁴⁴	小孩子
小朋友 xiô³⁴⁻³³ bang¹³⁻⁵⁵ ieu¹³⁻³¹	小孩子
老头子 lô¹³⁻²² deu¹³⁻⁵⁵ zi³⁴⁻³¹	老头儿
老伯伯 lô¹³⁻²² bak⁵ bak⁵⁻³¹	老伯(敬称)
老太太 lô¹³⁻²² ta³³⁻⁵⁵ ta³⁴⁻³¹	老太太(敬称)
同志 dong¹³⁻²² zi³⁴⁻⁴⁴	同志
先生 xi⁵³⁻⁵⁵ sang⁵³⁻³¹	先生
女士 nü¹³⁻²² si¹³⁻⁴⁴	女士
小姐 xiô³⁴⁻³³ jia³⁴⁻⁴⁴	小姐
同事 dong¹³⁻²² si¹³⁻⁴⁴	同事
同行 dong¹³⁻²² ang¹³⁻⁴⁴	同行
人客 nin¹³⁻²² kak⁵	客人
客人 kak⁵ nin¹³⁻³¹	客人
小青年 xiô³⁴⁻³³ qin⁵³⁻⁵⁵ ni¹³⁻³¹	小青年
靠山 kô³⁴⁻³³ sê⁵³⁻⁴⁴	靠山
牌头 ba¹³⁻²² deu¹³⁻⁴⁴	后台,靠山,背景
后台 eu¹³⁻²² dê¹³⁻⁴⁴	后台
情义 xin¹³⁻²² ni¹³⁻⁴⁴	情义
信用 xin³⁴⁻³³ iong¹³⁻⁴⁴	信用
义气 ni¹³⁻²² qi³⁴⁻⁴⁴	义气
人情 nin¹³⁻²² xin¹³⁻⁴⁴	人情
礼 li¹³	礼品
礼貌 li¹³⁻²² mô¹³⁻⁴⁴	礼貌
心意 xin⁵³⁻⁵⁵ yi³⁴⁻³¹	心意
小意思 xiô³⁴⁻³³ yi³⁴⁻⁵⁵ si⁵³⁻³¹	小意思
薄礼 bok²³⁻¹¹ li¹³⁻²³	薄礼
名片 min¹³⁻²² pi³⁴⁻⁴⁴	名片

请帖 qin³⁴⁻³³ tiek⁵	请帖
情面 xin¹³⁻²² mi¹³⁻⁴⁴	情面
派头 pa³⁴⁻³³ deu¹³⁻⁴⁴	气派,派头
架子 ga³⁴⁻³³ zi³⁴⁻⁴⁴	架子
道伴 dô¹³⁻²² boü¹³⁻⁴⁴	同伴
…道里 dô¹³⁻³³ li¹³⁻³¹	…之间(指人)
姐妹道里 ji³⁴⁻³³ mê¹³⁻⁵⁵ dô¹³⁻³³ li¹³⁻³¹	姐妹间
关系 guê⁵³⁻⁵⁵ xi³⁴⁻³¹	关系

二、动 词

别伤 biek²³⁻¹¹ sang⁵³⁻²³	扭伤
别转身 biek²³⁻¹¹ zoü³⁴⁻²³ sen⁵³	转过身来,转身
别牢 biek²³⁻¹¹ lô¹³⁻²³	(有物)卡住
脑子别牢 nô¹³⁻²² zi³⁴⁻⁴⁴ biek¹¹ lô²³	思路中断,脑子拐不过弯来
别筋 biek²³⁻¹¹ jin⁵³⁻²³	扭伤筋
落雨 lô¹³⁻²² ü¹³⁻⁴⁴	下雨
落眼泪 lô¹³ ngê¹³⁻²² li¹³⁻⁴⁴	掉泪
望望侬 mang¹³⁻²² mang¹³⁻⁵⁵ nong¹³⁻³¹	看望你
望 mang¹³	希望,盼望
碰着 bang¹³⁻²² sak²³⁻⁴	遇上,遇到
潲 kuen³⁴	睡
潲觉 kuen³⁴⁻⁵⁵ gô³⁴⁻³¹	睡觉
听讲 tin⁵³⁻⁵⁵ gang³⁴⁻³¹	听说
听说 tin⁵³⁻⁵⁵ sak⁵⁻³¹	听说
打呵险 dang³⁴ ho⁵³⁻⁵⁵ xi³⁴⁻³¹	打呵欠
打忽闪 dang³⁴ hok⁵⁻³ soü³⁴⁻⁴⁴	闪电
打呼噜 dang³⁴ hu⁵³⁻⁵⁵ lu⁵⁵⁻³¹	打鼾
打瞌睏 dang³⁴ kak⁵ cong³¹	打瞌睡

打鼜 dang³⁴ bang¹³	开玩笑
打相打 dang³⁴⁻³³ xiang⁵³⁻⁵⁵ dang³⁴⁻³¹	打架
哭出胡拉 kok⁵⁻³ cak⁵ u¹³⁻³³ la⁵³⁻³¹	哭丧着脸
讲 gang³⁴	说
讲闲话 gang³⁴ ê¹³⁻²² o¹³⁻⁴⁴	说话
谈山海经 dê¹³ sê⁵³⁻⁵⁵ hê³⁴⁻³³ jin⁵³⁻³¹	闲聊,聊天
茄(解)山话 ga¹³ sê⁵³⁻⁵⁵ o¹³⁻³¹	闲聊,聊天
瞎三话四 hak⁵⁻³ sê⁵³⁻⁵⁵ o¹³⁻³³ si³⁴⁻³¹	胡说,说瞎话
瞎讲 hak⁵⁻³ gang³⁴⁻⁴⁴	瞎说,胡说
瞎讲八讲 hak⁵⁻³ gang³⁴⁻⁵⁵ bak⁵⁻³ gang³⁴⁻³¹	瞎说,胡说
回头 uê¹³⁻²² deu¹³⁻⁴⁴	拒绝
骂人 mo¹³ nin¹³	骂人
骂山门 mo¹³ sê⁵³⁻⁵⁵ men¹³⁻³¹	骂人
寻相骂 xin¹³⁻²² xiang⁵³⁻⁵⁵ mo¹³⁻³¹	吵架
吵相骂 cô³⁴⁻³³ xiang⁵³⁻⁵⁵ mo¹³⁻³¹	吵架
吃 qiek⁵	吃,器重
吃牢 qiek⁵⁻³ lô¹³⁻⁴⁴	吃住,盯住
吃药 qiek⁵ iek²³	难堪,吃苦头
吃进 qiek⁵⁻³ jin³⁴⁻⁴⁴	买进;接受而无异议
吃瘪 qiek⁵⁻³ biek⁵	理亏而无言以对
吃转 qiek⁵⁻³ zoü³⁴⁻⁴⁴	上当
吃生活 qiek⁵⁻³ sang⁵³⁻⁵⁵ uok²³⁻³¹	挨揍,受惩罚
吃轧头 qiek⁵⁻³ gak²³⁻¹¹ deu¹³⁻²³	受夹击,两头受气,事情受阻
吃家生 qiek⁵⁻³ ga⁵³⁻⁵⁵ sang⁵³⁻³¹	受器具或工具打击
吃汤团 qiek⁵⁻³ tang⁵³⁻⁵⁵ doü¹³⁻³¹	考试得零分
吃豆腐 qiek⁵ deu¹³⁻²² vu¹³⁻⁴⁴	调戏或戏弄别人
吃盒头饭 qiek⁵ ak²³⁻¹¹ deu¹³⁻²² vê¹³⁻²³	坐牢

吐 tu³⁴	吐
咬 ngô¹³	咬
嚼 xiek²³	嚼
吹 ci⁵³	吹
吹牛三 ci⁵³⁻⁵⁵ nieu¹³⁻³³ sê⁵³⁻⁴⁴	吹牛
吹洋泡泡 ci⁵³ iang¹³⁻²² pô⁵³⁻⁵⁵ pô⁵³⁻³¹	吹牛
叫 jiô³⁴	叫
喊 hê³⁴	喊,叫
喊车子 hê³⁴ co⁵³⁻⁵⁵ zi³⁴⁻³¹	叫车
喊人 hê³⁴ nin¹³	叫人
发痴 fak⁵⁻³ ci⁵³⁻⁴⁴	发疯,发呆
发呆 fak⁵ ngê¹³	发呆
发寒热 fak⁵ oü¹³⁻²² niek²³⁻⁴	发烧
钝 den¹³	讽刺
嘲 sô¹³	嘲弄
亲 qin⁵³	吻
相嘴巴 xiang⁵³⁻⁵⁵ zi³⁴⁻³³ po⁵³⁻⁴⁴	接吻
打开司 dang³⁴ kê⁵³⁻⁵⁵ si⁵³⁻³¹	接吻
对口型 dê³⁴ keu³⁴⁻³³ in¹³⁻⁴⁴	接吻
盯牢 din⁵³⁻⁵⁵ lô¹³⁻³¹	盯住
铆牢 mô¹³⁻²² lô¹³⁻⁴⁴	盯住
豁 huak⁵	甩;裂开
豁拳 huak⁵ ju¹³	猜拳
豁边 huak⁵⁻³ bi⁵³⁻⁴⁴	超出常限,出错;糟了
豁翎子 huak⁵ lin¹³⁻²² zi³⁴⁻⁴⁴	暗示
关照 guê⁵³⁻⁵⁵ zô³⁴⁻³¹	告诉,嘱咐
刷牙齿 sak⁵ nga¹³⁻²² ci³⁴⁻⁴⁴	刷牙
荡 dang¹³	漱洗;吊,挂
荡嘴巴 dang¹³ zi³⁴⁻³³ bo⁵³⁻⁴⁴	漱口

心荡勒嗨 xin⁵³ dang¹³⁻²² lak⁵ hê³⁴⁻³¹	心吊在那儿(担忧)
拨 bak⁵	给
拨我铜钿 bak⁵⁻³ ngu¹³⁻⁴⁴ dong¹³⁻²² di¹³⁻⁴⁴	给我钱
找钞票 zô³⁴ cô⁵³⁻⁵⁵ piô³⁴⁻³¹	找钱
放 fang³⁴	放
摆 ba³⁴	放置
搬场 boü⁵³ sang¹³	搬家
拉 la⁵³	拉
拉车子 la⁵³ co⁵³⁻⁵⁵ zi³⁴⁻³¹	拉车
拉分 la⁵³ fen⁵³	挣钱,弄钱
拉网 la⁵³ mang¹³	大搜捕
拉进 la⁵³⁻⁵⁵ jin³⁴⁻³¹	赢钱;买进股票
丢 dok⁵	扔,掷
掼 guê¹³	丢弃,扔,摔
掼家生 guê¹³ ga⁵³⁻⁵⁵ sang⁵³⁻³¹	摔家伙
掼派头 guê¹³ pa³⁴⁻³³ deu¹³⁻⁴⁴	摆阔(流行语)
掼浪头 guê¹³ lang¹³⁻²² deu¹³⁻⁴⁴	吹牛说大话,炫耀,
淘浆糊 dô¹³ jiang³⁴⁻⁵⁵ vu¹³⁻³¹	把事情搞混,搞糊涂;敷衍了事
拍 pak⁵	拍
敲 kô⁵³	敲
敲门 kô⁵³ men¹³	敲门
敲定 kô⁵³⁻⁵⁵ din¹³⁻³¹	(事情)确定,讲定,约定
揿(摁) qin³⁴	(用手)摁,按压
揿铃 qin³⁴ lin¹³	摁铃
拎 lin⁵³	(手)提
拎水 lin⁵³ si³⁴	提水
拎勿清 li⁵³⁻⁵⁵ vak²³⁻³³ qin⁵³⁻³¹	不得要领;不懂世面行情

缚 bok²³	缚
解鞋带 ga³⁴ a¹³⁻²² da³⁴⁻⁴⁴	解鞋带
拗 ô³⁴	拗
拗断 ô³⁴⁻³³ doü¹³⁻⁴⁴	拗断；绝交
消开 xiô⁵³⁻⁵⁵ kê⁵³⁻³¹	掀开
消开盖头 xiô⁵³⁻⁵⁵ kê⁵³⁻³¹ ge³⁴⁻³³ deu¹³⁻⁴⁴	掀开盖子
寻 xin¹³	寻找
寻物事 xin¹³ mak²³⁻¹¹ si¹³⁻²³	找东西
拷酱油 kô⁵³ jiang³⁴⁻³³ ieu¹³⁻⁴⁴	打酱油
席物事 xiek²³ mak²³⁻¹¹ si¹³⁻²³	拾东西
发工钿 fak⁵ gong⁵³⁻⁵⁵ di¹³⁻³¹	发工资
盛饭 sen¹³ vê¹³	盛饭
囿 iok⁵	折叠
囿被头 iok⁵ bi¹³⁻²² deu¹³⁻⁴⁴	折叠被子
还 uê¹³	归还
还钞票 uê¹³ co³⁴⁻³³ piô³⁴⁻⁴⁴	还钱
掉 diô¹³	掉换
掉车子 diô¹³ co⁵³⁻⁵⁵ zi³⁴⁻³¹	换车
闩门 soü⁵³ men¹³	闩门
拿 nê⁵³/no¹³	拿
开 kê⁵³	开
开门 kê⁵³ men¹³	开门
开销 kê⁵³⁻⁵⁵ xiô⁵³⁻³¹	开销
开荤 kê⁵³⁻⁵⁵ huen⁵³⁻³¹	开眼界，首次尝试
开大兴 kê⁵³ da¹³⁻²² xin⁵³⁻⁴⁴	吹牛，说大话
开大道 kê⁵³ da¹³⁻²² dô¹³⁻⁴⁴	侃谈
开条幅 kê⁵³ diô¹³⁻²² fok⁵	讲条件，提出条件
打烊 dang³⁴ iang¹³	商店关门
揩 ka⁵³	擦，抹

揩台子 ka⁵³ dê¹³⁻²² zi³⁴⁻⁴⁴	擦桌子
擦皮鞋 cak⁵ bi¹³⁻²² a¹³⁻⁴⁴	擦皮鞋
收作 seu⁵³⁻⁵⁵ zok⁵⁻³¹	收拾,整理
收作房间 seu⁵³⁻⁵⁵ zok⁵⁻³¹ vang¹³⁻²² gê⁵³⁻⁴⁴	收拾房间
汏 da¹³	洗
汏浴 da¹³⁻²² iok⁵	洗澡
汏头 da¹³ deu¹³	洗头
汏衣裳 da¹³ yi⁵³⁻⁵⁵ sang¹³⁻³¹	洗衣服
掰开 bak⁵⁻³ kê⁵³⁻⁴⁴	掰开
掰开两半瓣 bak⁵⁻³ kê⁵³⁻⁴⁴ liang¹³⁻²² boü³⁴⁻⁵⁵ bê¹³⁻³¹	掰开两半
扯 ca³⁴	撕
扯开 ca³⁴⁻³³ kê⁵³⁻⁴⁴	撕开
结绒线 jiek⁵ niong¹³⁻²² xi³⁴⁻⁴⁴	用毛线编织
烫衣裳 tang³⁴⁻³³ yi⁵³⁻⁵⁵ sang¹³⁻³¹	熨烫衣服
斩 zê⁵³	斩
斩排骨 zê⁵³ ba¹³⁻²² guak⁵/guok⁵	斩排骨
斩冲头 zê⁵³ cong³⁴⁻³³ deu¹³⁻³¹	宰客
劈柴爿 piek⁵ sa¹³⁻²² bê¹³⁻⁴⁴	劈柴
劈硬柴 piek⁵ ngang¹³⁻²² sa¹³⁻⁴⁴	平分,均摊
油氽 ieu¹³⁻²² ten³⁴⁻⁴⁴	油炸
氽 ten³⁴	浮
烧 sô⁵³	烧,煮
烧饭 sô⁵³ vê¹³	煮饭
红烧 ong¹³ sô⁵³	用酱油等焖煮
烘 hong⁵³	烘烤
烤 kô³⁴	烤
鐾自来火 bi¹³ si¹³⁻²² lê¹³⁻⁵⁵ hu³⁴⁻³¹	划火柴
撽 ji⁵³	(用筷子)夹
搨 tak⁵	搽,涂

搨粉 tak⁵ fen³⁴	搽粉
搨颜色 tak⁵ ngê¹³⁻²² sak⁵	涂颜色
刮胡子 guak⁵ u¹³⁻²²/vu¹³⁻²² zi³⁴⁻⁴⁴	刮胡子
转来 zoü³⁴⁻³³ lê¹³⁻⁴⁴	回来
转去 zoü³⁴⁻³³ qi³⁴⁻⁴⁴	回去
转弯 zoü³⁴⁻³³ uê⁵³⁻⁴⁴	拐弯
打弯 dang³⁴⁻³³ uê⁵³⁻⁴⁴	拐弯
奔 ben⁵³	奔跑
跑 bô¹³	走
跑路 bô¹³ lu¹³	走路
走路 zeu³⁴ lu¹³	走路
踏 dak²³	踏,踩
踏脚踏车 dak²³ jiek⁵⁻³ dak²³⁻⁵ co⁵³⁻³¹	骑自行车
比赛 bi³⁴⁻³³ sê³⁴⁻⁴⁴	比赛
跪 ju¹³	跪
蹲 den⁵³	蹲;待(逗留);住
蹲勒啥地方 den⁵³⁻⁵⁵ lak²³⁻³¹ sa³⁴⁻³³ di¹³⁻⁵⁵ fang⁵³⁻³¹	住在哪儿;待在哪儿
孵 bu¹³	孵
孵豆芽 bu¹³ deu¹³⁻²² nga¹³⁻⁴⁴	待在家里不出门;待业在家
起来 qi³⁴⁻³³ lê¹³⁻⁴⁴	起来
蹽起来 lok²³⁻¹¹ qi³⁴⁻²² lê¹³⁻²³	起身,起来
爬 bo¹³	爬
蹩 bê¹³	爬
荡马路 dang¹³ mo¹³⁻²² lu¹³⁻⁴⁴	逛街
过日脚 gu³⁴ niek²³⁻¹¹ jiek⁵⁻²³	过日子
背书包 bê⁵³ si⁵³⁻⁵⁵ bô⁵³⁻³¹	背书包
背米 bê⁵³ mi¹³	挣钱,挣外快

生小囡 sang⁵³ xiô³⁴⁻³³ noü¹³⁻⁴⁴	生孩子
养小囡 iang¹³ xiô³⁴⁻³³ noü¹³⁻⁴⁴	生孩子
候机会 eu¹³ ji⁵³⁻⁵⁵ uê¹³⁻³¹	伺机
借钞票 jia³⁴ cô³⁴⁻³³ piô³⁴⁻⁴⁴	借钱
借荫头 jia³⁴ in⁵³⁻⁵⁵ deu¹³⁻³¹	找借口
摆嚎头 ba³⁴ xiok⁵⁻³ deu¹³⁻⁴⁴	搞假一套
骗 pi³⁴	骗
嚎 xiok⁵	骗
扒分 bo¹³ fen⁵³	挣钱
做生活 zu³⁴ sang⁵³⁻⁵⁵ uok²³⁻³¹	干活儿
做事体 zu³⁴ si¹³⁻²² ti³⁴⁻⁴⁴	做事情
出去 cak⁵⁻³ qi³⁴⁻⁴⁴	出去
出汗 cak⁵ oü¹³	出汗
出道 cak⁵ dô¹³	学成满师；子女已独立
看毛病 koü³⁴ mô¹³⁻²² bin¹³⁻⁴⁴	看病
撒尿 cak⁵⁻³ si⁵³⁻⁴⁴	小便
小便 xiô³⁴⁻³³ bi¹³⁻⁴⁴	小便
撒污 cak⁵⁻³ u⁵³⁻⁴⁴	大便
大便 da¹³⁻²² bi¹³⁻⁴⁴	大便
穿衣裳 coü⁵³ yi⁵³⁻⁵⁵ sang¹³⁻³¹	穿衣
着衣裳 zak⁵⁻³ yi⁵³⁻⁵⁵ sang¹³⁻³¹	穿衣
靠 kô³⁴	靠
隑 gê¹³	靠
隑牢墙壁 gê¹³⁻²² lô¹³⁻⁴⁴ xiang¹³⁻²² biek⁵	靠着(倚着)墙
隑排头 gê¹³ ba¹³⁻²² deu¹³⁻⁴⁴	依仗后台,靠山
白相 bak²³⁻¹¹ xiang³⁴⁻²³	玩耍
隔开 gak⁵⁻³ kê⁵³⁻⁴⁴	隔开
辣开 lak²³⁻¹¹ kê⁵³⁻²³	隔开
畔 boü¹³	躲藏

耶 ia⁵³	躲藏
装胡样 zang⁵³ u¹³⁻²² iang¹³⁻⁴⁴	装傻或装作可怜的样子
装戆 zang⁵³ gang¹³	装傻
办酒水 bê¹³ jieu³⁴⁻³³ si³⁴⁻⁴⁴	办酒席
意勿过 yi³⁴ vak⁵ gu³⁴⁻³¹	过意不去
过意勿去 gu³⁴⁻³³ yi⁵³⁻⁵⁵ vak²³⁻³ qi³⁴⁻³¹	过意不去
轧朋友 gak²³ bang¹³⁻²² ieu¹³⁻⁴⁴	交朋友
勿敢当 vak²³⁻² goü³⁴⁻⁵⁵ dang⁵³⁻³¹	不敢当
扎台型 zak⁵ dê¹³⁻²² in¹³⁻⁴⁴	露脸,争面子,显示自己优越
呒没关系 m¹³⁻²² mak²³⁻⁴ guê⁵³⁻⁵⁵ xi³⁴⁻³¹	没关系
勿要紧 vak²³ iô³⁴⁻⁵⁵ jin³⁴⁻³¹	不要紧
勿搭界 vak²³ dak⁵ ga³⁴⁻³¹	没关系;不要紧
闯穷祸 cang³⁴ jiong¹³⁻²² u¹³⁻⁴⁴	闯祸
接翎子 jiek⁵ lin¹³⁻²² zi³⁴⁻⁴⁴	接受暗示
有数 ieu¹³⁻²² su³⁴⁻⁴⁴	领会意图
戳壁脚 cok⁵⁻³ biek⁵ jiek⁵⁻³¹	背地里说人坏话
瞎搞 hak⁵⁻³ gô¹³⁻⁴⁴	胡搞
瞎胡搞 hak⁵⁻³ u¹³⁻⁵⁵ gô¹³⁻³¹	胡搞
硬撞 ngang¹³⁻²² sang¹³⁻⁴⁴	用强硬方式处理事情
吃勿开 qiek⁵⁻³ vak²³⁻⁵ kê⁵³⁻³¹	吃不开,不时兴
捉扳头 zok⁵⁻³ bê⁵³⁻⁵⁵ deu¹³⁻³¹	找岔儿,找别人的缺失作把柄
寻觅势 xin¹³⁻²² heu⁵³⁻⁵⁵ si³⁴⁻³¹	寻衅
弄送 long¹³⁻²² song³⁴⁻⁴⁴	捉弄
弄送人 long¹³⁻²² song³⁴⁻⁴⁴ nin¹³	捉弄人
拆穿绷 cak⁵⁻³ coü⁵³⁻⁵⁵ bang⁵³⁻³¹	揭露,拆穿
穿绷 coü⁵³⁻⁵⁵ bang⁵³⁻³¹	露馅儿,拆穿

上勿上 sang¹³⁻²² vak²³⁻⁵ sang¹³⁻³¹	上不了
晓得 xiô³⁴⁻³³ dak⁵	知道
勿晓得 vak²³⁻² xiô³⁴⁻⁵⁵ dak⁵⁻³¹	不知道
欢喜 hoü⁵³⁻⁵⁵ xi³⁴⁻³¹	喜欢
齁 heu⁵³	怀怒欲发作
担心思 dê⁵³ xin⁵³⁻⁵⁵ si⁵³⁻³¹	担心,担忧
巴勿得 bo/ba⁵³⁻⁵⁵ vak²³⁻³ dak⁵⁻³¹	巴不得
巴结 bo⁵³⁻⁵⁵ jiek⁵⁻³¹	勤快,节俭
做人家 zu³⁴⁻³³ nin¹³⁻⁵⁵ ga⁵³⁻³¹	节俭
吓咾咾 hak⁵⁻³ lô¹³⁻⁵⁵ lô¹³⁻³¹	害怕
吓势势 hak⁵⁻³ si³⁴⁻⁵⁵ si³⁴⁻³¹	害怕
烦 vê¹³	烦
极齁齁 jiek²³⁻¹¹ heu⁵³⁻²² heu²³	猴急
极出胡拉 jiek²³⁻² cak⁵ u¹³⁻³³ la⁵³⁻³¹	猴急
动气 dong¹³⁻²² qi³⁴⁻⁴⁴	发脾气
光火 guang⁵³⁻⁵⁵ hu³⁴⁻³¹	发怒
懊劳 ô⁵³⁻⁵⁵ lô¹³⁻³¹	后悔
懊悔 ô⁵³⁻⁵⁵ huê³⁴⁻³¹	后悔
疑心 ni¹³⁻²² xin⁵³⁻⁴⁴	怀疑
觉着 gok⁵⁻³ sak²³⁻⁴	感到
坍台 tê⁵³ dê¹³	丢脸,失面子
坍招势 tê⁵³ zô⁵³⁻⁵⁵ si³⁴⁻³¹	丢脸,失面子
揢便宜 tak⁵ bi¹³⁻²² ni¹³⁻⁴⁴	捞便宜
拆烂污 cak⁵⁻³ lê¹³⁻⁵⁵ u⁵³⁻³¹	马虎,不负责任
发嗲 fak⁵ dia³⁴	撒娇
眼热 ngê¹³⁻²² niek²³⁻⁴	眼红
混日脚 uen¹³ niek²³⁻¹¹ jiek⁵⁻²³	混日子
来事 lê¹³⁻²² si¹³⁻⁴⁴	行,可以,能干
来三 lê¹³⁻²² sê⁵³⁻⁴⁴	行,可以,能干
勿罢 vak²³⁻²² ba¹³⁻⁴⁴	不止

勿罢五斤 va²³⁻²² ba¹³⁻⁴⁴ n¹³⁻²² jin⁵³⁻⁴⁴	不止五斤
囥 kang³⁴	藏,贮藏
渧 di³⁴	(水)滴下
搨鐾 tak⁵⁻³ bi¹³⁻⁴⁴	双方消帐
搭界 dak⁵⁻³ ga³⁴⁻⁴⁴	有关系
搭牢 dak⁵⁻³ lô¹³⁻⁴⁴	粘住;捉住
搭线 dak⁵ xi³⁴	神经错乱
吃亏 qiek⁵⁻³ kuê⁵³⁻⁴⁴ / qu⁵³⁻⁴⁴	吃亏
捱空 o⁵³⁻⁵⁵ kong⁵³⁻³¹	什么都得不到
吃得消 qiek⁵⁻³ dak⁵ xiô⁵³⁻³¹	吃得消
吃勿消 qiek⁵⁻³ vak²³⁻⁵ xiô⁵³⁻³¹	吃不消

三、形容词

大 du¹³	大
小 xiô³⁴	小
多 du⁵³	多
交关 jiô⁵³⁻⁵⁵ guê⁵³⁻³¹	多
杭净杭事 ang¹³⁻²² xin¹³⁻⁵⁵ ang¹³⁻³³ si¹³⁻³¹	非常多
少 sô³⁴	少
一点点 iek⁵⁻³ di³⁴⁻⁵⁵ di³¹	一点儿
一眼眼 iek⁵⁻³ ngê¹³⁻⁵⁵ ngê¹³⁻³¹	一点儿
高 gô⁵³	高
矮 a³⁴	矮
低 di⁵³	低
方 fang⁵³	方
圆 ü¹³	圆
平 bin¹³	平
阔 kuak⁵	阔
长 sang¹³	长
短 doü³⁴	短

粗 cu⁵³	粗
细 xi³⁴	细
厚 eu¹³	厚
薄 bok²³	薄
深 sen⁵³	深
浅 qi³⁴	浅
轻 qin⁵³	轻
重 song¹³	重
直 sak²³	直
弯 uê⁵³	弯
歪 hua⁵³	歪
斜 xia¹³	斜
笡 qia³⁴	斜
浓 niong¹³/nong¹³	浓
淡 dê¹³	淡
清爽 qin⁵³⁻⁵⁵ sang³⁴⁻³¹	清爽；干净，清洁
龌龊 ok⁵⁻³ cok⁵	脏
邋遢 lak²³⁻² tak⁵	脏
牢 lô¹³	牢，结实
热闹 niek²³⁻² nô¹³⁻⁴⁴	热闹
闹热 nô¹³⁻²² niek²³⁻⁴	热闹
闹猛 nô¹³⁻²² mang¹³⁻⁴⁴	热闹
亮 liang¹³	亮
暗 oü³⁴	暗
生 sang⁵³	不熟
轻骨头 qin⁵³⁻⁵⁵ guak⁵⁻³ deu¹³⁻³¹	轻浮
十三点 sak²³⁻¹¹ sê⁵³⁻²² di³⁴⁻²³	轻浮
嘻格格 xi⁵³⁻⁵⁵ gak⁵⁻³ gak⁵⁻³¹	轻浮
下作 o¹³⁻²² zok⁵	下流
怵 qieu⁵³	人品差

触霉头 cok⁵⁻³ mê¹³⁻⁵⁵ deu¹³⁻³¹	倒霉
倒霉 dô³⁴ mê¹³	倒霉
促掐 cok⁵⁻³ kak⁵	阴险恶劣
小家牌气 xiô³⁴⁻³³ ga⁵³⁻⁵⁵ ba¹³⁻³³ qi³⁴⁻³¹	小气
大方 da¹³⁻²² fang⁵³⁻⁴⁴	大方
头子活 deu¹³⁻²² zi³⁴⁻⁴⁴ uok²³	头脑灵活
门槛精 men¹³⁻²² kê³⁴⁻⁴⁴ jin⁵³	精明
红 ong¹³	红
黄 uang¹³	黄
蓝 lê¹³	蓝
白 bak²³	白
黑 hak⁵	黑
绿 lok²³	绿
紫 zi³⁴	紫
墨出黑 mak²³ cak⁵ hak⁵⁻³¹	墨黑
开心 kê⁵³⁻⁵⁵ xin⁵³⁻³¹	开心
窝心 u⁵³⁻⁵⁵ xin⁵³⁻³¹	开心
暖热 noü¹³⁻²² niek²³⁻⁴	暖和
风凉 fong⁵³⁻⁵⁵ liang¹³⁻³¹	凉爽,凉快
闷热 men⁵³⁻⁵⁵ niek²³⁻³¹	闷热
作孽 zok⁵⁻³ niek²³⁻⁴	可怜
罪过八赖 sê¹³⁻²² gu³⁴⁻⁵⁵ bak³ la³¹	可怜
讨厌 tô³⁴⁻³³ yi³⁴⁻⁴⁴	讨厌
讨惹厌 tô³⁴⁻³³ sa⁵³⁻⁵⁵ yi³⁴⁻³¹	讨厌
促气 cok⁵⁻³ qi³⁴⁻⁴⁴	讨厌(该词多为女子使用)
难为情 nê¹³⁻²² uê¹³⁻⁵⁵ xin¹³⁻³¹	害羞
适意 sak⁵⁻³ yi³⁴⁻⁴⁴	舒适
写意 xia³⁴⁻⁵⁵ yi³⁴⁻⁴⁴	舒适
要好 iô³⁴⁻³³ hô³⁴⁻⁴⁴	交情深

甜 di¹³	甜
酸 soü⁵³	酸
苦 ku³⁴	苦
辣 lak²³	辣
咸 ê¹³	咸
忙 mang¹³	忙
有钞票 ieu¹³⁻³³ co⁵³⁻⁵⁵ piô³⁴⁻³¹	有钱,富有
有铜钿 ieu¹³⁻²² dong¹³⁻⁵⁵ di¹³⁻³¹	有钱,富有
穷 jiong¹³	穷
怪 gua³⁴	怪
难看 nê¹³⁻²² koü³⁴⁻⁴⁴	难看,丑
漂亮 piô³⁴⁻³³ liang¹³⁻⁴⁴	漂亮,美
年轻 ni¹³⁻²² qin⁵³⁻⁴⁴	年轻
后生 eu¹³⁻²² sang⁵³⁻⁴⁴	年轻
老 lô¹³	老
远 ü¹³	远
近 jin¹³	近
快 kua³⁴	快
慢 mê¹³	慢
早 zô³⁴	早
晏 ê³⁴	晚
软 nü¹³	软
硬 ngang¹³	硬
干 goü⁵³	干
湿 sak⁵	湿
潮 sô¹³	潮湿
好 hô³⁴	好
崭 zê³⁴	好
嗲 dia³⁴	好
顶脱勒 din³⁴⁻³³ tak⁵ lak²³⁻³¹	好

坏 ua¹³	坏
推板 t'ê⁵³⁻⁵⁵ bê³⁴⁻³¹	坏
单牢 dê⁵³⁻⁵⁵ lô¹³⁻³¹	坏
勿好 vak²³⁻² hô³⁴⁻⁴⁴	不好
勿灵 vak²³⁻² lin¹³⁻⁴⁴	不好
厉害 li¹³⁻²² ê¹³⁻⁴⁴	厉害
结棍 jiek⁵⁻³ guen³⁴⁻⁴⁴	厉害;壮实
贵 ju³⁴	贵
便宜 bi¹³⁻²² ni¹³⁻⁴⁴	便宜
噁 jiang¹³	便宜
有用场 ieu¹³ iong¹³⁻²² sang¹³⁻⁴⁴	有用
危险 uê¹³⁻²² xi³⁴⁻⁴⁴	危险
麻烦 mo¹³⁻²² vê¹³⁻⁴⁴	麻烦
安全 oü⁵³⁻⁵⁵ xi¹³⁻³¹	安全
野歪歪 ia¹³⁻²² hua⁵³⁻⁵⁵ hua⁵³⁻³¹	不按规定地胡来
新鲜 xin⁵³⁻⁵⁵ xi⁵³⁻³¹	新鲜
(味)鲜 xi⁵³	鲜
香 xiang⁵³	香
臭 ceu³⁴	臭
蒿 hô⁵³	哈喇
腥气 xin⁵³⁻⁵⁵ qi³⁴⁻³¹	腥
凶 xiong⁵³	凶
和气 u¹³⁻²² qi³⁴⁻⁴⁴	和气
粗心 cu⁵³⁻⁵⁵ xin⁵³⁻³¹	粗心
真 zen⁵³	真
假 ga³⁴	假

四、副　词

邪气 xia¹³⁻²² qi³⁴⁻⁴⁴	很,十分,非常
老 lô¹³	很

……来西 lê¹³ xi⁵³	置于形容词后表程度
坏来西 ua¹³⁻²² lê¹³⁻⁵⁵ xi⁵³⁻³¹	很坏
忒 tak⁵	太
勿要忒 vak²³⁻¹¹ iô³⁴⁻²³ tak⁵	太,非常
极 jiek²³	极
更 gen³⁴	更
更加 gen³⁴⁻³³ ga⁵³⁻³¹	更加
加二 ga⁵³⁻⁵⁵ ni¹³⁻³¹	更加
稍为 sô⁵³⁻⁵⁵ uê¹³⁻³¹	稍微
越加 iok²³⁻¹¹ ga⁵³⁻²³	越,愈加
尤其 ieu¹³⁻²² ji¹³⁻⁴⁴	尤其
至少 zi³⁴⁻³³ sô³⁴⁻⁴⁴	至少
顶多 din³⁴⁻³³ du⁵³⁻⁴⁴	最多
顶 din³⁴	最
最 zoü³⁴	最
正好 zen³⁴⁻³³ hô³⁴⁻⁴⁴	正好
正巧 zen³⁴⁻³³ qiô³⁴⁻⁴⁴	正巧
恰巧 kak⁵⁻³ qiô³⁴⁻⁴⁴	正巧,恰巧
刚刚 gang⁵³⁻⁵⁵ gang⁵³⁻³¹	刚才
马上 mo¹³⁻²²/⁵⁵ sang¹³⁻⁴⁴/³¹	马上
立刻 liek²³⁻¹¹ kak⁵	立刻
立时三刻 liek²³⁻¹¹ si¹³⁻²³ sê⁵³⁻⁵⁵ kak⁵⁻³¹	立刻
暂时 sê¹³⁻²² si¹³⁻⁴⁴	暂时
已经 yi³⁴⁻⁵⁵ jin⁵³⁻³¹	已经
一直 iek⁵⁻³ sak²³⁻⁴	一直
从来 song¹³⁻²² lê¹³⁻⁴⁴	从来
常常 sang¹³⁻²² sang¹³⁻⁴⁴	常常
常桩 sang¹³⁻²² zang⁵³⁻⁴⁴	常常
渐渐叫 xi¹³⁻²² xi¹³⁻⁵⁵ jiô³⁴⁻³¹	渐渐地

难板 nê¹³⁻²² bê³⁴⁻⁴⁴	不经常，偶尔
突然 dak²³⁻¹¹ sou¹³⁻²³	突然
辣末生头 lak²³⁻¹¹ mak²³⁻²² sang⁵³⁻²² deu¹³⁻²³	突然
仍旧 sen¹³⁻²² jieu¹³⁻⁴⁴	仍旧
原旧 nü¹³⁻²² jieu¹³⁻⁴⁴	仍旧
一向 iek⁵⁻³ xiang³⁴⁻⁴⁴	一向
一径 iek⁵⁻³ jin⁵³⁻⁴⁴	一向，一直
侪 sê	都，全
通通 tong⁵³⁻⁵⁵ tong⁵³⁻³¹	都，全
一道 iek⁵⁻³ dô¹³⁻⁴⁴	一起
总共 zong³⁴⁻³³ gong¹³⁻⁴⁴	总共
一共拢总 iek⁵⁻³ gong¹³⁻⁵⁵ long¹³⁻³³ zong³⁴⁻³¹	总共
亨拨冷打 hang⁵⁵ bak³ lang³³ dang³¹	总共
鞋(也) a¹³	也
只 zak⁵	只
另外 lin¹³⁻²² nga¹³⁻⁴⁴	另外
又 ieu¹³	又
以 yi¹³	又
以碰到 yi¹³ bang¹³⁻²² dô³⁴⁻⁴⁴	又遇到
还 ê¹³	还
本来 ben³⁴⁻³³ lê¹³⁻⁴⁴	本来
亲自 qin⁵³⁻⁵⁵ si¹³⁻³¹	亲自
偷偷叫 teu⁵³⁻⁵⁵ teu⁵³⁻³³ jiô³⁴⁻³¹	偷偷地
耶耶叫 ia⁵³⁻⁵⁵ ia⁵³⁻³³ jiô³⁴⁻³¹	偷偷地
勿 vak²³	不
吰没 m¹³⁻²² mak²³⁻⁴	没有
一定 iek⁵⁻³ din¹³⁻⁴⁴	一定
未必 vi¹³⁻²² biek⁵	未必
难道 nê¹³⁻²² dô¹³⁻⁴⁴	难道
到底 dô³⁴⁻⁵⁵ di³⁴⁻³¹	到底

的确 diek⁵⁻³ qiok⁵	的确
何必 u¹³⁻²² biek⁵	何必
大概 da¹³⁻²² gê³⁴⁻⁴⁴	大概
大约摸 da¹³⁻²² iek⁵ mok²³⁻³¹	大概
或者 ok²³⁻¹¹ zê³⁴⁻²³	或者
假使 jia³⁴⁻⁵⁵ si³⁴⁻³¹	假使
绝对 jiek²³⁻¹¹ dê³⁴⁻²³	绝对

五、代 词

我 ngu¹³	我
阿拉 a³⁴ la⁴⁴	我们
侬 nong¹³	你
㑚 na¹³	你们
伊 yi¹³	他
伊拉 yi¹³⁻²² la⁴⁴	他们
大家 da¹³⁻²² ga⁵³⁻⁴⁴	大家
自家 si¹³⁻²² ga⁵³⁻⁴⁴	自己
人家 nin¹³⁻²² ga⁵³⁻⁴⁴	人家
别人家 biek²³⁻¹¹ nin¹³⁻²² ga⁵³⁻²³	别人
诸位 zi⁵³⁻⁵⁵ uê¹³⁻³¹	诸位
各位 gok⁵⁻³ uê¹³⁻⁴⁴	各位
㧥～ gak²³	这～
迪～ diek²³	这～
特～ dak²³	这～
伊～ yi⁵³	那～
葛～ gak⁵	那～
哀㧥 ê⁵³⁻⁵⁵ gak²³⁻³¹	这个或那个
哀面 ê⁵³⁻⁵⁵ mi¹³⁻³¹	那面
加 ga⁵³	那么
加好看 ga⁵³ hô³⁴⁻³³ koü³⁴⁻⁴⁴	那么好看

艁能 gak²³⁻¹¹ nen¹³⁻²³	这么,这样
伊能 yi⁵³⁻⁵⁵ nen¹³⁻³¹	那么,那样
艁歇 gak²³⁻¹¹ xiek⁵⁻²³	这会儿
伊歇 yi⁵³⁻⁵⁵ xiek⁵⁻²³	那会儿
艁点(/眼) gak²³⁻¹¹ di³⁴⁻²³ (/ngê¹³⁻²³)	这点儿,这些
伊点(/眼) yi⁵³⁻⁵⁵ di³⁴⁻³¹ (/ngê¹³⁻³¹)	那点儿,那些
艁搭 gak²³⁻¹¹ dak⁵⁻²³	这里
艁搭块 gak²³⁻¹¹ dak⁵⁻² kuê³⁴⁻²³	这里
伊搭 yi⁵ dak⁵⁻³¹	那里
伊搭块 yi⁵ dak⁵⁻³ kuê³⁴⁻³¹	那里
艁面 gak²³⁻¹¹ mi¹³⁻²³	这边
伊面 yi⁵³⁻⁵⁵ mi¹³⁻³¹	那边
啥 sa³⁴	什么
啥人 sa³⁴⁻³³ nin¹³⁻⁴⁴	谁
阿里 a¹³⁻²² li¹³⁻⁴⁴	哪
阿里搭 a¹³⁻²² li¹³⁻⁵⁵ dak⁵⁻³¹	哪里
阿里面 a¹³⁻²² li¹³⁻⁵⁵ mi¹³⁻³¹	哪面
哪能 na¹³⁻²² nen¹³⁻⁴⁴	怎么样
哪能价 na¹³⁻²² nen¹³⁻⁵⁵ ga³¹	怎么样
几化 ji³⁴⁻³³ ho³⁴⁻⁴⁴	多少
多少 du⁵³⁻⁵⁵ sô³⁴⁻⁴⁴	多少
几 ji³⁴	几
为啥 uê¹³⁻²² sa³⁴⁻⁴⁴	为什么
啥体 sa³⁴⁻⁵⁵ ti³⁴⁻³¹	为什么

六、数词、量词

一 iek⁵	一
二 ni¹³	二
两 liang¹³	两
三 sê⁵³	三

四 si³⁴	四
五 n¹³	五
六 lok²³	六
七 qiek⁵	七
八 bak⁵	八
九 jieu³⁴	九
十 sak²³	十
百 bak⁵	百
千 qi⁵³	千
万 vê¹³	万
亿 yi³⁴	亿
半 boü³⁴	半
三分之一 sê⁵³⁻⁵⁵ ven¹³⁻³³ zi⁵³⁻³¹ iek⁵	三分之一
零 lin¹³	零
第…… di¹³	第……
初…… cu⁵³	初……
……折 zak⁵	……折
七折 qiek⁵⁻³ zak⁵	七折
……倍 bê¹³	……倍
……左右 zu³⁴⁻³³ ieu¹³⁻⁴⁴	……左右
……上落 sang¹³⁻²² lok²³⁻⁴	……上下
……上下 sang¹³⁻²² o¹³⁻⁴⁴	……上下
……多 du⁵³	……多
个把号头 gu³⁴⁻³³ bo³⁴⁻⁵⁵ ô¹³⁻²² deu¹³⁻⁴⁴	个把月
只 zak⁵	牛、马、羊、猪、鸟、虫及各种兽类，家具；船、飞机、房间、学校、电话……
部 bu¹³	汽车、火车、自行

	车、机床……
顶	帽子,桥
瓣 gak²³	个
座 su¹³	座
场 sang¹³	场
埭 da¹³	行,排
鐾 bi¹³	层(一层砖块)
顿 den³⁴	餐(一餐饭)
趟 tang³⁴	次、回
次 ci³⁴	次、回
埭 da¹³	次、回
顿 den³⁴	次、回

七、介 词

勒 lak²³	在
勒嗨 lak²³⁻¹¹ hê³⁴⁻²³	在
勒勒 lak²³⁻¹¹ lak²³	在
勒该 lak²³⁻¹¹ gê³⁴⁻²³	在
勒勒嗨 lak²³⁻¹¹ lak²³⁻²³ hê³⁴⁻²³	在
勒勒该 lak²³⁻¹¹ lak²³⁻²³ gê³⁴⁻²³	在
拨 bak⁵	给
拨伊拿脱 bak⁵⁻³ yi¹³⁻⁴⁴ nê⁵³⁻⁵⁵ tak⁵⁻³¹	给他拿掉
拿 nê⁵³	把
拿伊捉牢 nê⁵³⁻⁵⁵ yi¹³⁻³¹ zok⁵⁻³ lô¹³⁻³¹	把他抓住
从 song¹³	从
朝 sô¹³	朝,向
沿 yi¹³	沿
照 zô³⁴	按,按照
对 dê³⁴	对
顺 sen¹³	顺

除脱 si¹³⁻²² tak⁵	除了
关于 guê⁵³⁻⁵⁵ u¹³⁻³¹	关于
为 uê¹³	为
用 iong¹³	用
离 li¹³	离
凭 bin¹³	凭
代 dê¹³	代
趁 cen³⁴	趁
比 bi³⁴	比
根据 gen⁵³⁻⁵⁵ ju³⁴⁻³¹	根据

八、连　词

搭 dak⁵	和
搭仔 dak⁵⁻³ zi³⁴⁻⁴⁴	和
帮 bang⁵³	和
教 gô³⁴	和
外加 nga¹³⁻²² ga⁵³⁻⁴⁴	而且
虽然 soü⁵³⁻⁵⁵ soü¹³⁻³¹	虽然
但是 dê¹³⁻²² si¹³⁻⁴⁴	但是
不过 bak⁵⁻³ gu³⁴⁻⁴⁴	不过
鞋(也) a¹³	也
并 bin¹³	并
并且 bin¹³⁻²² qi³⁴⁻⁴⁴	并且
又 ieu¹³	又
既然 ji⁵³⁻⁵⁵ soü¹³⁻³¹	既然
格么 gak⁵ mak²³⁻³¹	那么
勿然 vak²³⁻¹¹ soü¹³⁻²³	不然
勿论 vak²³⁻¹¹ len¹³⁻²³	不论
除非 si¹³⁻²² fi⁵³⁻⁴⁴	除非
或者 ok²³⁻¹¹ zê³⁴⁻²³	或者

因为 in⁵³⁻⁵⁵ uê¹³⁻³¹		因为
所以 su³⁴⁻⁵⁵ yi¹³⁻³¹		所以
格咾 gak⁵ lô⁵⁵		所以
假使 jia³⁴⁻⁵⁵ si³⁴⁻³¹		如果
如果 si¹³⁻²² gu³⁴⁻⁴⁴		如果
倘若 tang³⁴⁻⁵⁵ sak²³⁻³¹		倘若
就 jiek¹³		就
于是 ü¹³⁻²² si¹³⁻⁴⁴		于是
只要 zak⁵⁻³ iô³⁴⁻⁴⁴		只要
只有 zak⁵⁻³ ieu¹³⁻⁴⁴		只有
才 sê¹³		才
即使 jiek⁵⁻³ si³⁴⁻⁴⁴		即使
何况 u¹³⁻²² kuang³⁴⁻⁴⁴		何况

九、助　词

辫 gak²³		的
我辫书 ngu¹³⁻²² gak²³⁻⁴ si⁵³		我的书
地 di¹³		地
叫 jiô³⁴		地
能 nen¹³		地
好好叫走 hô³⁴⁻³³ hô³⁴⁻⁵⁵ jiô³⁴⁻³¹ zeu³⁴		好好地走
慢慢能讲 mê¹³⁻²² mê¹³⁻⁵⁵ nen¹³⁻³¹ gang³⁴		慢慢地说
得 dak⁵		得
得唻 dak⁵ lê³¹		得
勒 lak⁵		得
笑得唻肚皮痛 xiô³⁴⁻³³ dak⁵ lê³¹ du¹³⁻²² bi¹³⁻⁵⁵ tong³⁴⁻³¹		笑得肚子痛
吃勒勿错 qiek⁵⁻³ lak⁵⁻³ vak²³⁻² cu³⁴⁻⁵⁵		吃得不错
勒 lak²³		了
仔 zi³⁴		了

吃仔饭再去 qiek⁵⁻³ zi³⁴⁻⁴⁴ vê¹³ zê³⁴⁻⁵⁵ qi³⁴⁻³¹　吃了饭再去
过 gu³⁴　　　　　　　　　　　　　　　　过
过歇 gu³⁴⁻⁵⁵ xiek⁵⁻³¹　　　　　　　　　过
苏州我去过歇 su⁵³⁻⁵⁵ zeu⁵³⁻³¹ ngu¹³ qi³⁴⁻³³ gu³⁴⁻⁵⁵ xiek⁵⁻³¹
　　　　　　　　　　　　　　　　　　苏州我去过

十、语气词

辫 gak	的
对辫 dê³⁴⁻³³ gak⁴	对的
勒 lak	了
放学勒 fang³⁴ ok²³ lak⁴	放学了
哦 va	吗
侬去哦? nong¹³ qi³⁴ va⁴⁴	你去吗?
啦 la	啊
是啥人啦? si¹³ sa³⁴⁻³³ nin¹³⁻⁵⁵ la³¹	是谁呀?
呢 nak	呢
人呢? nin¹³⁻³³ nak⁴	人呢?
呀 ia	呀
拨我呀! bak⁵⁻³ ngu¹³⁻⁵⁵ ia³¹	给我呀!
哦 va	吧
走哦! zeu³⁴⁻³³ va⁴⁴	走吧!
咾 lô	啊(列举)
鱼咾、肉咾… n¹³⁻²² lô⁴⁴ niok²³⁻¹¹ lô²³	鱼啊肉的……
噢 ô	噢(关切)
当心点噢! dang⁵³⁻⁵⁵ xin⁵³⁻³³ di³⁴⁻³³ ô³¹	小心点儿噢!
啊? a	啊? 吗?
侬勿要啊? nong¹³ vak²³⁻¹¹ iô³⁴⁻²³ a³¹	你不要吗?
唻 lê	了,啦
好唻,勿要吵勒! hô³⁴⁻³³ lê⁴⁴ vak²³⁻¹¹ iô³⁴⁻²³ co³⁴ lak⁴
	好了,别吵了!

味道咸咪! mi¹³⁻²² dô¹³⁻⁴⁴ ê¹³ lê⁴⁴　　味儿咸啦!
茄 ga　　　　　　　　　　　　　的吗? 的啊?
是侬茄? si¹³ nong¹³ ga⁴⁴　　　　是你的吗?

十一、感叹词

喂 uê　　　　　　　　　　　　喂
哎 ê　　　　　　　　　　　　　哎
唷 iô　　　　　　　　　　　　　哟
噢 ô　　　　　　　　　　　　　噢
咦 yi　　　　　　　　　　　　　咦
噢唷 ô iô　　　　　　　　　　　噢哟
啊呀 a ia　　　　　　　　　　　哎呀
哎呀 ê ia　　　　　　　　　　　哎呀
哼 hen　　　　　　　　　　　　哼
呸 pê　　　　　　　　　　　　呸
嗯 n　　　　　　　　　　　　　嗯
诺 no　　　　　　　　　　　　诺
诺,拨侬! no³¹ bak⁵⁻³ nong¹³⁻⁴⁴　　诺,给你!
喔唷哇 o⁵⁵ io³³ ua³¹　　　　　　痛时之呼叫
喔唷哇,肚皮痛! o⁵⁵ io³³ ua³¹ du¹³⁻²² bi¹³⁻⁵⁵ tong³⁴⁻³¹
　　　　　　　　　　　　　　　哎哟,肚子痛!